A fórmula do lançamento

JEFF WALKER

A fórmula do lançamento

As estratégias secretas
para vender on-line, criar um negócio de sucesso e viver a vida dos seus sonhos

Tradução de
EDUARDO RIECHE

12ª edição

RIO DE JANEIRO – 2024

CIP-BRASIL. CATALOGAÇÃO NA PUBLICAÇÃO
SINDICATO NACIONAL DOS EDITORES DE LIVROS, RJ

W178f
12ª ed.

Walker, Jeff
   A fórmula do lançamento / Jeff Walker; tradução
Eduardo Rieche. – 12ª ed. – Rio de Janeiro: Best Business, 2024.
   352 p.; 14 × 21 cm.

   Tradução de: Launch
   ISBN: 978-85-68905-08-1

   1. Empreendedorismo. 2. Pequenos e médios negócios –
Administração 3. Sucesso nos negócios. 4. Comércio eletrônico.
I. Rieche, Eduardo. II. Título.

17-40715

CDD: 658.11
CDU: 658.1

A fórmula do lançamento, de autoria de Jeff Walker.
Texto revisado conforme o Acordo Ortográfico da Língua Portuguesa.
Título original norte-americano:
LAUNCH

Copyright © 2014, Jeff Walker.
Edição original norte-americana publicada por Morgan James Publishing.
Copyright da tradução © 2016 Best Business/Editora Best Seller Ltda.
Todos os direitos reservados, inclusive o direito de reprodução em todo ou
em parte, em qualquer forma.

Proibida a reprodução, no todo ou em parte, sem autorização prévia por
escrito da editora, sejam quais forem os meios empregados.

Design de capa: adaptação de Mariana Taboada da capa originalmente
publicada por Morgan James Publishing (Nova York, 2014).

Direitos exclusivos de publicação em língua portuguesa para o Brasil
adquiridos pela Best Business, um selo da Editora Best Seller Ltda.
Rua Argentina, 171 – 20921-380 – Rio de Janeiro, RJ – Tel.: (21) 2585-2000,
que se reserva a propriedade literária desta tradução.

Impresso no Brasil

ISBN 978-85-68905-08-1

Seja um leitor preferencial Record.
Cadastre-se no site www.record.com.br e receba
informações sobre nossos lançamentos e nossas promoções.

Atendimento e venda direta ao leitor: sac@record.com.br.

Dedicado à minha esposa, Mary, e aos meus incríveis filhos, Daniel e Joan, que me acompanharam ao longo de todo esse insano percurso (oferecendo um apoio inabalável a cada etapa do caminho). Amo cada um de vocês do fundo do meu coração.

Sumário

Nota ao leitor • 9

1. Do pai que só fica em casa ao pai que ganhou seis dígitos em sete dias • 13

2. Da bolsa-alimentação aos seis dígitos: a Product Launch Formula™ explicada • 35

3. Licença para imprimir dinheiro: a sua lista • 63

4. Sideways Sales Letter™: como se tornar um campeão de vendas sem ser um "vendedor inconveniente" • 91

5. Ferramentas para influenciar as massas: os estímulos mentais • 111

6. Um tiro de aviso: seu pré-pré-lançamento • 133

7. Venda aquilo que eles desejam: a magia do pré-lançamento • 155

8. Mostre o dinheiro: chegou a hora do lançamento! • 183

9. Como começar do zero: Seed Launch™ • 209

10. Como ganhei US$1 milhão em apenas uma hora: o Lançamento Conjunto • 233

11. Criando um negócio a partir do nada: a Business Launch Formula™ • 257

12. Criando um negócio que você adora • 279

13. Receita para uma vida ótima • 297

14. É a sua vez de lançar • 323

Agradecimentos • 335

Glossário • 341

Sobre o autor • 349

Nota ao leitor

Este livro vai ajudá-lo a criar o seu próprio negócio — rapidamente. Se já for dono de algum empreendimento ou se estiver interessado em criar um, eis aqui um método para estimulá-lo. Pense nisso: e se você conseguisse lançá-lo nos moldes da Apple ou dos grandes estúdios de Hollywood? E se os seus potenciais clientes ficassem contando os dias ansiosamente até poderem comprar o seu produto? Imagine se você conseguisse criar um posicionamento de mercado forte o suficiente para quase eliminar a concorrência? Ou se pudesse fazer isso independentemente do tamanho do seu negócio ou do seu orçamento?

Existe um processo... uma fórmula, se você preferir, que poderá ajudá-lo a chegar lá. Criei e aprimorei essa fórmula ao longo dos últimos 18 anos e irei compartilhá-la com você nas próximas páginas.

Não há nenhuma teoria neste livro. Tudo o que ensinarei está amparado em resultados da vida real. Essa fórmula foi criada empiricamente, a partir de testes práticos e de uma experiência arduamente conquistada.

Pessoalmente, já promovi dezenas de lançamentos muito bem-sucedidos dos meus próprios produtos. Mas este livro não tem a ver comigo nem com meu sucesso pessoal. Orientei meus alunos e meus clientes em centenas de lançamentos que contaram com minha participação direta, ajustando os parâmetros e observando todos os dados.

Você conhecerá alguns desses alunos ao longo da obra, pois acredito no ensino a partir (por intermédio) dos exemplos. Você vai reparar que NÃO são cenários hipotéticos. Já li vários livros de negócios que usam estudos de casos fictícios para explicar seus métodos, mas não é isso que ocorre aqui.

Oferecerei exemplos extraídos do mundo real. E irei além, com os Estudos de Caso audiovisuais que podem ser conferidos no site que dialoga com este livro. O site também conta com vídeos e recursos adicionais de treinamento, que poderão ser acessados no endereço http://thelaunchbook.com/member/, em inglês.

Irei ainda mais longe, admitindo a tendência a me orgulhar dos meus alunos. Adoro falar sobre eles e celebrar seu sucesso. Faço isso, principalmente, porque é algo instrutivo, mas também porque eles são meus heróis. Acredito que os empreendedores são o futuro da humanidade. São eles que estão promovendo o progresso humano, criando empregos e agregando valores reais ao mundo. Essa é uma das razões pelas quais sou tão apaixonado pelo meu trabalho — está relacionado a ajudar os empreendedores e os que aspiram a ser um deles.

Também acredito que estamos vivendo o melhor momento da história para o crescimento e as oportunidades de empreendedorismo. Nunca foi tão fácil dar início a um negócio, e nunca foi tão fácil expandi-lo. A habilidade para atingir nichos de mercado bastante segmentados em um ambiente global é simplesmente inédita. Minha primeira venda, por exemplo, foi realizada em um nicho de mercado específico, para um cavalheiro na Suíça... e eu fiz isso do porão da minha casa, no Colorado.

É claro que isso não significa dizer que se trata de uma coisa simples. Há um grande esforço envolvido, assim como em qualquer outra conquista humana. Este livro, com certeza, NÃO é um manual de como-ficar-milionário-rapidamente. Mas a fórmula vem sendo comprovada repetidas vezes — ela estabelece o roteiro para um rápido arranque do seu produto ou do seu negócio. Afinal de contas, se você estiver mesmo disposto a se empenhar, será interessante saber que está usando um sistema testado e comprovado.

Os resultados têm sido impressionantes. Dei início aos meus negócios da forma mais modesta possível, até alcançar dezenas de milhões de dólares com a venda dos meus produtos. E, mais especificamente, meus alunos e clientes superaram em muito meu próprio sucesso — eles venderam centenas de milhões de dólares de seus próprios produtos e serviços.

O engraçado é que, analisando retrospectivamente, tudo aconteceu de modo acidental. Não me programei para reinventar o marketing ou para me tornar uma referência nessa indústria. Na verdade, quando comecei, não tinha nenhuma experiência em vendas ou em marketing. E, em grande parte, foi por isso que obtive sucesso...

1. Do pai que só fica em casa ao pai que ganhou seis dígitos em sete dias

Era apenas mais um clique no mouse... assim como centenas, ou até mesmo milhares, de cliques que são dados todos os dias. Mas era um clique realmente importante para mim, e eu hesitei. Meu dedo pairou sobre o botão antes de eu clicar. Cinco segundos, dez segundos, e eu ainda estava na dúvida. A verdade é que eu estava apavorado. Meses de planejamento, anos de esperanças e sonhos estavam envolvidos naquele único clique. Parecia que o futuro da minha família estava em jogo.

Eu não sabia que aquele clique no mouse deflagraria vários acontecimentos que mudariam o próprio aspecto do marketing e dos negócios realizados através da internet. Mas, enquanto estava sentado no escritório da minha casa, enfiado em um dos cantos de um porão parcamente iluminado, nenhum pensamento mais elaborado passava pela minha cabeça a não ser ganhar um dinheirinho extra para ajudar a sustentar minha família. Eu estava usando um velho computador, já gasto, com uma ultrapassada conexão discada com a internet, e estava desempregado havia mais de sete anos. Sem dúvida, um começo bastante modesto.

Mas a verdadeira razão para a hesitação em dar aquele clique no mouse se resumia a uma só palavra — desespero. Eu estava desesperado por uma mudança. Eu precisava fazer sucesso. Ganhar algum dinheiro. Tinha de dar uma guinada na minha vida. E eu estava esperando (e trabalhando) por aquele momento havia muito tempo...

Toda essa jornada começou quando minha esposa, Mary, voltou para casa aos prantos — uma cena que ficou gravada para sempre na minha memória. Ela havia saído mais cedo do trabalho e, naquele momento, estava em pé à minha frente, soluçando, pressionada pela obrigação de ter de sustentar nossa família. Mary não aguentava mais sair para trabalhar todas as manhãs, antes mesmo que os nossos dois filhos pequenos acordassem, e chegar em casa quando já estava quase na hora de colocá-los para dormir.

Eu costumava ficar em casa, tomando conta dos nossos bebês. Hoje em dia, o termo politicamente correto para isso é "o pai que fica em casa", mas, naquela época, nós usávamos simplesmente a expressão "Sr. Mamãe", uma situação bem menos tolerável na sociedade do que é hoje. Muitos anos antes, eu havia abandonado meu emprego no mundo corporativo — um emprego na área de gerência de operações que, provavelmente, a maioria das pessoas consideraria bom. Eu era aquela notória figura que tentava conjugar situações incompatíveis. Eu apenas não combinava com o mundo corporativo. Não compreendia as políticas internas e sentia que estava nadando permanentemente contra a maré quando tentava realizar as coisas. Eu me considerava um fracasso corporativo. Quando meu filho mais velho tinha cerca de 1 ano, minha esposa concluiu a pós-graduação na Universidade do Colorado e conseguiu um novo emprego no Escritório de Recuperação de Solos dos Estados Unidos. Foi nesse momento que acabei desistindo da minha carreira corporativa.

Eu não tinha nenhum plano em mente. Não sabia o que fazer dali em diante. Sabia, apenas, que não conseguiria continuar vivendo no mundo corporativo.

Aquela fase de Sr. Mamãe se prolongou por muito mais tempo do que eu esperava. Logo depois, tivemos o segundo bebê, o que significava que eu deveria tomar conta de duas crianças pequenas. Quem já esteve nessa posição pode imaginar quanto meus dias ficaram atarefados. Mas eu precisava fazer uma mudança. Tinha de descobrir uma forma de sustentar minha família, reduzir as responsabilidades da minha esposa e aliviar toda aquela pressão que nossa família estava sofrendo.

E aquele clique no mouse estava relacionado a isso — transformar as nossas vidas, construir um futuro novo e mais próspero. Tinha a ver com o lançamento de um produto e com o lançamento de um negócio. Com criar uma fórmula e mudar o nosso destino. Nunca, nem nos meus sonhos mais ambiciosos, achei que aquilo mudaria o mundo.

SIGA EM FRENTE E ABANDONE SEU EMPREGO

Quando, por fim, reuni coragem suficiente para clicar no botão, a reação foi surpreendente... foi como pisar no acelerador de um Porsche 911 duplamente turbinado.

Aquele clique fez com o que o meu computador enviasse um e-mail.

O e-mail foi direcionado para um servidor cuja base estava nas cercanias de Green Bay, em Wisconsin.

E isso gerou a transmissão do e-mail, distribuído para as pessoas que haviam se cadastrado na minha lista de newsletters.

Dentro de alguns segundos, aquela mensagem chegou às caixas de entrada dos meus contatos.

O e-mail era bastante curto, contendo menos de cinquenta palavras. Porém, ao fim da mensagem havia um link para um formulário de pedidos incorporado ao meu site, em que os usuários poderiam comprar um produto que eu havia acabado de criar. O produto era uma mera newsletter, com informações a respeito da bolsa de valores e as minhas previsões imediatas para o comportamento do mercado.

(Na verdade, para ser mais preciso, eu ainda não havia criado o produto, mas tocarei nesse assunto mais adiante, quando falar sobre o Seed Launch™.*)

Logicamente, tudo isso levou pouquíssimo tempo, mas, depois de ter clicado no botão "enviar", cada segundo que passava parecia durar uma eternidade. Era como se eu estivesse em um permanente estado de expectativa. Eu precisava saber... alguém compraria meu novo produto?

Depois de trinta segundos, com otimismo, verifiquei se alguém já havia comprado.

Nada.

Quarenta segundos. Nada.

Cinquenta segundos. Nada.

Cinquenta e nove segundos... e a PRIMEIRA VENDA surgiu!

Alguns segundos depois, outro pedido. Em seguida, outro, e mais outro, e depois mais três. Cada vez que eu clicava em "atualizar", mais pedidos surgiam!

Em uma hora, o volume de vendas ultrapassava US$8 mil. Ao fim do dia, as vendas haviam atingido mais de US$18 mil. E, após uma semana, minha modesta e pequena oferta já havia arrecadado mais de US$34 mil — quase a mesma quantia que eu havia recebido ao longo de todo o ANO em meu emprego corporativo.

Foi esse lançamento que trouxe Mary de volta à nossa casa. Não era o meu primeiro lançamento (essa é uma história um tanto confusa, que eu vou contar mais à frente),

---

*Em português, podemos traduzir como Lançamento Semente. (N. do E.)

mas foi o que me convenceu de que o meu pequeno e incipiente negócio poderia sustentar minha família. Em alguns meses, Mary já havia abandonado o emprego, sem precisar voltar a trabalhar fora. Ficamos eufóricos (brincávamos que ela havia "se aposentado", mas nada poderia estar mais distante da realidade — além de se dedicar integralmente ao papel de mãe, ela logo assumiu as funções administrativas do novo negócio).

Você sabe, dinheiro é uma coisa curiosa. Para a maioria das pessoas, US$34 mil é uma montanha de dinheiro — uma soma praticamente inacreditável (e, para mim, foi decisiva). Para outras, talvez não seja um valor tão significativo a ponto de deixá-las empolgadas. Mas, independentemente do grupo em que você se encontre, se continuar me acompanhando ao longo deste livro compartilharei alguns resultados bastante surpreendentes.

Eu não sabia disso naquela época, mas estava apenas começando. E criando algo que mudaria, literalmente, milhares de vidas.

COMO FIQUEI RICO AJUDANDO A ENRIQUECER MILHARES DE OUTRAS PESSOAS

Vamos esclarecer uma coisa desde o princípio: este livro não é um manual de "como ficar milionário rapidamente".

O que vou compartilhar aqui gerou riqueza e abundância incríveis na minha vida e nas de muitos dos meus alunos. Mas esse dinheiro, essa prosperidade e esse poder não surgiram da noite para o dia, em um passe de mágica.

Existe um método — uma fórmula, se você preferir — por trás de todo esse surpreendente sucesso. E este livro é sobre isso — desvendar o mistério e apresentar essa fórmula a você.

Ao longo do caminho, mostrarei um mundo que a maioria de nós desconhece, um mundo no qual pessoas comuns criam negócios incomuns, em que começam seus negócios praticamente sem nenhum investimento ou capital, lançando-os, quase sempre, instaladas no quarto de hóspedes ou na mesa da cozinha. Um mundo, ainda, em que tais pessoas deixam de ser iniciantes e obtêm lucros em um período extraordinariamente curto.

E há também aquelas pessoas que já têm um negócio próprio e vêm aplicando essa fórmula aos seus empreendimentos, observando um vertiginoso aumento em suas vendas.

Esse não é o mundo das novas e ambiciosas empresas de alta tecnologia, nas quais alguns programadores viciados em computação se reúnem para trabalhar vinte horas por dia, tentando "ser subvencionados" por certos capitalistas de risco, e, em seguida, vender tudo ao Google por US$100 milhões (ou, mais provavelmente, decretar falência em meio a uma pilha de velhas embalagens de pizza engorduradas e latas vazias de Red Bull).

Se você pretende trilhar esse caminho, eu lhe desejo toda a sorte do mundo. Mas este livro não foi feito para você.

Eu me refiro à criação de um negócio (ou ao aprimoramento de um negócio já existente) e à geração de lucros imediatos. Um negócio com despesas reduzidas, baixo custo de implementação e nenhuma equipe, ou uma equipe mínima e que seja altamente rentável, dando-lhe grande flexibilidade na vida.

E, por último, mas não menos importante, um negócio que agregue grande valor ao mundo e permita que você "se saia bem" no nível que quiser.

Eu sei que parece o reino da abundância e da felicidade, não é? Só beleza e encanto. Não pode ser verdade, não é mesmo?

Eu sei, eu sei.

Na verdade, eu não acreditaria nisso se não tivesse visto com meus próprios olhos, inúmeras vezes.

A realidade é esta: a internet mudou completamente as regras do jogo para aqueles que pretendem abrir seu próprio negócio. Hoje em dia, mais do que em qualquer outro momento na história, é mais fácil, mais rápido e mais barato começar e administrar um negócio.

E, para quem já é dono do próprio negócio, a internet oferece a possibilidade de expandi-lo com mais agilidade e mais facilidade do que nunca.

Afirmo tudo isso a partir da minha própria experiência. Dei início ao meu primeiro negócio on-line na "idade das trevas da internet", em 1996, e, desde então, venho obtendo lucros a cada ano. Passei pela crise das empresas pontocom, pela Grande Recessão e por todas as atualizações do Google. Consegui acumular dezenas de milhões de dólares vendendo meus produtos on-line em quatro mercados absolutamente distintos. E, ao longo desse percurso, ensinei a milhares de empreendedores on-line como lançar e expandir seus negócios. Meus alunos e clientes arrecadaram mais de US$400 milhões em vendas (uma cifra que continua aumentando).

E, de modo geral, embora eu não goste de me gabar, acredito que posso afirmar, com segurança, que sou amplamente reconhecido como um dos maiores especialistas e líderes em marketing pela internet de todos os tempos (tento evitar esse termo, mas algumas pessoas se referem a mim como o "guru do marketing").

Porém, como você perceberá, não foi sempre assim. Não nasci com nenhum superpoder para o marketing. Antes de lançar meu primeiro negócio on-line, jamais havia administrado uma empresa. Eu não tinha nenhum treinamento em vendas nem habilidade em marketing. Na verdade, sempre fui um sujeito que nunca conseguiu vender mais do que um pacote de donuts na campanha anual de arrecadação de fundos da União dos Escoteiros (e eram meus pais que compravam).

AS REGRAS MUDARAM

É nítido que o mundo vem passando por uma significativa transição. A própria natureza da comunicação e do cotidiano mudou radicalmente em apenas alguns anos.

Vivemos em um mundo mais transparente... com uma base de clientes interconectados o tempo todo, capazes de fazer milhares de comentários sobre centenas de concorrentes. Um mundo em que a concorrência se torna cada vez mais acirrada pela atenção do público potencial e no qual a "névoa do marketing" fica cada vez mais espessa. Uma sociedade que valoriza sempre mais a autenticidade e a coerência.

As regras dos negócios e do marketing mudaram, e essas mudanças foram responsáveis pela falência de muitas empresas. Mas também criaram vultosas oportunidades para milhares de outros negócios. Se você for capaz de compreender esse novo campo de atuação, captar a atenção de seu público potencial e estabelecer uma relação com ele já se tornará, sob vários aspectos, muito mais simples. Este livro tem tudo a ver com isso.

Portanto, se você se encontra em uma época de transição e está ávido para dar início a um novo negócio...

Se você é o responsável pela administração de um departamento ou de um centro de lucro em uma grande corporação...

Se é um profissional autônomo ou prestador de serviços (advogado, terapeuta corporal, astrólogo ayurvédico etc.) e está cansado das oscilações dos pagamentos por hora de trabalho...

Se já possui algum negócio on-line bem-sucedido, mas cujas vendas estão estagnadas, e precisa injetar um novo impulso no seu negócio...

Ou, até mesmo, se é um artista (pintor, autor, ourives, músico etc.) e está lutando para ser notado no concorrido mundo digital...

O fato é que você precisa fazer um lançamento. Todos os produtos, negócios e marcas de sucesso começam com um lançamento bem-sucedido. Você não pode se permitir aparecer gradativamente. Você precisa de um arranque e de um fluxo de caixa, pois eles constituem a autêntica força vital de qualquer negócio de sucesso.

DIAS MILIONÁRIOS

Após aquele lançamento de US$34 mil e depois de Mary abandonar seu emprego e decidir ficar em casa, meu negócio continuou se expandindo. Meus lançamentos foram se aprimorando e os resultados se tornaram cada vez mais consistentes. Naquela época, o melhor dos meus lançamentos alcançou mais de US$106 mil em sete dias — tudo isso executado dentro da minha casa, sem equipe alguma, com um custo próximo de zero.

Foram "anos de calmaria". Havia muitas coisas interessantes no meu negócio, e eu adorava o que fazia e a vida que levava. Estava ganhando mais dinheiro do que jamais havia sonhado, Mary podia permanecer em casa com as crianças e dedicar-se integralmente ao seu papel de mãe, e nós havíamos conseguido nos mudar para a cidade dos meus sonhos, Durango, no Colorado (onde pude pôr em prática minha paixão por todos os tipos de esportes ao ar livre, como mountain bike, canoagem em corredeiras e esqui aquático).

No entanto, tudo isso mudou quando fui participar de um Seminário de Marketing pela Internet, em Dallas, no Texas, em fevereiro de 2003.

Quando cheguei a Dallas e desci do avião para participar daquele seminário, eu não achava que meu negócio fosse tão especial assim. Eu imaginava que havia um monte de gente com negócios on-line lançando produtos da mesma forma que eu. O sucesso que vinha alcançando era espantoso para mim, mas eu não sabia que atingir a marca de seis dígitos em sete dias em um negócio minúsculo e individual era algo capaz de surpreender as pessoas.

Nos três dias seguintes, durante o seminário de marketing, conheci inúmeras pessoas (e fiz amizades que cultivo e aprecio até hoje) e percebi que ninguém estava fazendo o que eu fazia. E, definitivamente, ninguém fazia lançamentos da mesma forma que eu ou conseguia os resultados que eu vinha conseguindo. Na verdade, fiquei chocado quando me dei conta de que eu havia, basicamente, inventado uma nova forma de marketing — uma abordagem que ficaria conhecida, enfim, como "Product Launch Formula^{TM}"*.

Uma das pessoas que conheci naquele seminário foi um homem chamado John Reese, um daqueles indi-

---

*Em português, podemos traduzir como Fórmula de Lançamento de Produtos. (*N. do E.*)

víduos cujo brilhantismo se torna evidente à primeira vista, mas que, simplesmente, me passou despercebido naquele momento. Ele era um verdadeiro especialista em marketing pela internet, embora poucos soubessem disso à época.

Mantivemos contato depois do evento e nos tornamos amigos, e eu compartilhei com ele meus "segredos" de lançamento de produtos. Em 2004, John aplicou minhas técnicas em dois dos seus lançamentos. O primeiro foi um seminário de três dias de duração realizado por ele, que arrecadou quase US$450 mil em vendas. Isso comprovou que as técnicas se mostrariam eficazes para além do meu pequeno negócio de consultoria no mercado de ações.

O outro lançamento de John foi um curso de formação em geração de tráfego para sites, o qual se revelou um divisor de águas. Conquistou US$1 milhão em vendas em apenas 24 horas — um dia que valeu US$1 milhão! O que torna esse número ainda mais impressionante é que se tratava de um micronegócio modesto, que ele administrava de sua própria casa, sem praticamente nenhum funcionário ou equipe (se não me engano, John contou com uma pessoa que o ajudou a fazer o lançamento e com um assistente de atendimento ao cliente, em meio expediente).

Fiquei atordoado ao constatar que aquela nova abordagem de marketing que eu havia inventado podia gerar resultados tão impactantes. Naquela época, porém, eu ainda estava publicando minhas newsletters financeiras e, embora estivesse começando a receber pedidos cada vez mais frequentes de pessoas que buscavam orientação para seus lançamentos, ainda gozava de certo anonimato no grande mundo de negócios da internet. Eu levava uma vida maravilhosa — vivia em Durango, administrava um negócio excelente, esquiava e fazia mountain bike com meus filhos. Eu estava feliz no anonimato e não tinha nenhuma intenção de me tornar protagonista.

Mas, depois que John me agradeceu publicamente pela ajuda que lhe ofereci em seus lançamentos, os apelos para que eu prestasse consultoria nessa área começaram a ficar mais frequentes. E, diante da insistência de John e de muitos outros (especialmente de Yanik Silver), decidi que era hora de publicar o meu próprio trabalho... e começar a ensinar a minha Product Launch Formula™.

O DIA EM QUE O MARKETING MUDOU

Acredito que o verdadeiro teste veio em 21 de outubro de 2005. Eu havia decidido lançar meu curso de treinamento da Product Launch Formula, e minha reputação (e meu futuro nos negócios) estava em jogo. Afinal de contas, era na prática que a técnica se provaria. Se eu alegava ser um especialista em lançamento de produtos, era melhor fazer um trabalho excepcional no lançamento do meu produto mais importante, certo?

Mas, embora já tivesse feito lançamentos de sucesso — e ajudado outras pessoas a fazer o mesmo —, dessa vez havia um desafio extra. Eu estava criando um negócio inteiramente novo, a partir do zero. Todos os meus êxitos anteriores haviam acontecido em função das aulas que eu ministrava sobre o mercado de ações. Agora, eu ensinaria as pessoas a lançar produtos e negócios on-line. Eu não tinha uma lista de e-mails de potenciais clientes nesse novo mercado, e minha antiga lista de investidores na bolsa de valores não me serviria muito. Eu não tinha experiência em posicionamento de mercado; era um ilustre desconhecido, exceto para algumas pessoas cujos lançamentos eu havia ajudado a realizar. Mas isso não me impediu de continuar, porque eu sabia como contornar essas limitações (vou lhe mostrar como quando eu falar sobre Lançamentos Conjuntos).

Assim, a pressão era grande, mas àquela altura eu já era um profissional calejado. Meu lançamento alcançou um sucesso estrondoso. Na primeira semana, arrecadei mais de US$600 mil com as vendas do meu novo programa da Product Launch Formula™ (PLF). E, com esse lançamento, criei, instantaneamente, um novo negócio e conquistei centenas de novos clientes, além de uma lista de milhares de clientes em potencial.

De fato, era na prática que a técnica se provaria. :-)

Desde então, tem sido uma grande aventura. Ao longo dos anos, atualizei e revisei a Product Launch Formula™, de modo que evoluísse para um programa completo de formação/treinamento. Indiscutivelmente, a PLF se tornou o produto de treinamento mais vendido de todos os tempos em Marketing pela internet.

Existem milhares de Proprietários da Product Launch Formula™, e muitos deles experimentaram um inacreditável sucesso. É difícil quantificar seus resultados totais, mas eu sei que meus alunos e clientes já acumularam mais de US$500 milhões em vendas, e esse número aumenta a cada dia.

Lembre-se de que a maioria dos Proprietários da PLF (mas não todos) administra negócios pequenos, e até mesmo microscópicos. Não se pode compará-los ao Google, cujos lucros atingem, várias vezes, a casa dos US$500 milhões. Em sua maior parte, são negócios modestos, e o impacto dessas vendas é absurdamente grande. Inúmeros Proprietários da PLF também alcançaram o mesmo sucesso que eu, de "seis dígitos em sete dias", inclusive muitos conseguiram fazer lançamentos de US$1 milhão.

As pessoas vêm usando a PLF em todos os tipos de mercado e de nicho que se pode imaginar, atingindo um êxito extraordinário. Para dizer a verdade, acabei desenvolvendo o hábito de acompanhar de perto muitos desses mercados. Eis aqui uma lista de alguns deles:

aconselhamento sentimental
preparação para testes
tutoriais de Photoshop
agentes de empréstimos
corretores de imóveis
malabarismo
serviços de admissão em faculdades

instrutores de beisebol
artes marciais variadas
programadores de SAP
tricô
crochê
fundos de investimento mútuos
comércio (câmbio, mercados futuros, ações etc.)
adestramento
fundos de investimento imobiliário
aulas de guitarra
treinamento de médicos para leitura de ultrassonografia
aulas de piano
instrutores de negócios (em todo o mundo)
comida saudável
alimentos crus
massagem terapêutica
romance (como escrever cartas de amor)
treinadores pessoais
ervas medicinais
como escrever ficção
treinamento de cavalos
cuidados com animais de estimação
meditação
treinamento em agility canina
acessórios para bandas
aulas de tênis
ioga
instrutores de futebol infanto-juvenil

composição musical
quiromancia
treinamento em bicicletas ergométricas
ciência do cérebro
autodefesa
viagens de aventura
decoração de bolos

Lembre-se de que fui sintético e ofereci apenas uma lista parcial — existem dezenas e mais dezenas de outros exemplos. Não cometa o erro de achar que a PLF não irá funcionar em seu negócio ou em seu mercado.

Ela também já foi utilizada no mundo todo — ainda não soube de nenhum usuário na Antártida, mas já foi utilizada em todos os outros continentes. Tenho alunos bem-sucedidos da PLF em dezenas de países, e ela funcionou nas mais variadas línguas.

E se mostrou eficaz nos mais diversos tipos de produtos e negócios, tais como:

cursos on-line
cursos domiciliares
dispositivos físicos
sites de cadastramento on-line
serviços prestados fora dos domínios da internet
   (dentistas, serviços de cobrança etc.)
liquidação de patrimônio
e-books
treinamento

- grupos de mente mestra e de redes de contato consultoria
- trabalhos artísticos (pinturas, ourivesaria etc.)
- sistemas de vendas e negócios entre empresas
- campanhas de arrecadação de fundos sem fins lucrativos
- jogos de tabuleiro
- atração de fiéis para a igreja
- segmento imobiliário
- pacotes de viagem
- softwares
- aplicativos

Mais uma vez, trata-se de uma lista parcial. Mas eis aqui o resultado: ao longo desse percurso, a Product Launch Formula™ e meus alunos que seguiram a PLF redefiniram completamente o modo como as coisas são vendidas on-line.

Tem sido uma grande aventura. Eu jamais poderia ter imaginado as consequências daquela primeira newsletter que enviei para 19 endereços de e-mail.

JÁ FALEI DEMAIS SOBRE MIM. E QUANTO A VOCÊ?

Agora você já conhece a história que está por trás da Product Launch Formula™... mas o que tudo isso tem a ver com você?

Essa fórmula pode funcionar no seu caso? Você pode dar início a um negócio on-line usando a minha Product Launch Formula™? Ou, se já tiver um negócio, ela poderá ajudá-lo a se expandir?

Pela minha experiência, a não ser que você esteja vendendo uma commodity (como gasolina ou areia) ou esteja operando um serviço emergencial (como de chaveiro ou de avalista de fianças), então a resposta é um enfático SIM. Já vi muitos Proprietários da PLF obterem um sucesso avassalador em tantos campos distintos que praticamente nada mais me surpreende.

E, neste livro, compartilharei algumas dessas histórias. Você conhecerá pessoas que levam os mais variados estilos de vida... pessoas com produtos e negócios inteiramente diferentes. Como Susan Garrett, treinadora de agility canina. Ela começou a usar a PLF como principiante e, desde então, criou um negócio extremamente bem-sucedido. Ou John Gallagher, que vende produtos relacionados à busca de recursos alimentares, em especial ervas e plantas comestíveis e medicinais. John vivia com a ajuda da bolsa-alimentação do governo quando fez seu primeiro lançamento e, hoje em dia, é dono de um negócio de seis dígitos. Ou Will Hamilton, que vende aulas de tênis e usou o lançamento de seus produtos para criar uma marca suficientemente forte a ponto de ter conseguido estabelecer parceria com os mais gabaritados profissionais da área.

Tudo isso pode parecer mágico, complexo ou simplesmente inatingível. Acompanhe-me, e você perceberá que não é tão complicado, que funciona de verdade, e como e por que pode funcionar no seu caso.

Organizei o livro para que ele seguisse uma progressão lógica:

Nos cinco primeiros capítulos, forneço o material fundamental, incluindo uma visão geral do processo da PLF, além das listas de e-mails, estímulos mentais e a Sideways Sales Letter™*.

Nos três capítulos seguintes, detalho o processo de lançamento propriamente dito — incluindo o pré-pré-lançamento, o pré-lançamento e a abertura do carrinho.

Os seis capítulos finais são sobre a adequação da PLF ao seu negócio e à sua vida, incluindo o Seed Launch™ (como começar do zero) e o Lançamento Conjunto (como executar aqueles megalançamentos).

Gostaria apenas de fazer o seguinte esclarecimento: não estou afirmando que a PLF seja fácil ou automática. Sem sombra de dúvida, você terá de se empenhar bastante. Como afirmei no começo, este NÃO é um esquema para "ficar milionário rapidamente".

Mas a realidade é que milhares de pessoas estão criando esses negócios on-line, pequenos, alternativos e altamente lucrativos. E, com a Product Launch Formula™, estão conseguindo organizar lançamentos bastante poderosos de seus produtos (ou lançamentos do próprio NEGÓCIO), gerando vendas quase instantâneas e impulsionando suas empresas.

---

*Em português, podemos traduzir como Carta de Vendas Modificada. (N. do E.)

Parece uma boa ideia? Você está pronto para começar?

No próximo capítulo, apresento a estrutura básica da Product Launch Formula™, e, depois, avançaremos. Ao longo do caminho, você perceberá por que ela é tão extraordinariamente revolucionária, por que é eficaz em tantos mercados diferentes e por que funciona com tantos tipos distintos de negócios e produtos.

E, em breve, chegarei à história incrível de como consegui arrecadar mais de US$1 milhão em vendas em uma única hora. :-)

Mais uma coisa: não deixe de consultar o site http://thelaunchbook.com/member/ para ter acesso a todos os vídeos e recursos adicionais de treinamento que acompanham este livro.

2. Da bolsa-alimentação aos seis dígitos: a Product Launch Formula™ explicada

John Gallagher era um homem atarefado. Ele tinha uma esposa e dois filhos pequenos, estava se formando como acupunturista e era voluntário em tempo quase integral na sociedade beneficente Wilderness Awareness School. Ao conhecê-lo, fica-se rapidamente fascinado por sua seriedade e sua paixão — e pelo fato de ele não ser o tipo de pessoa que cruza os braços. Mas não lhe sobravam nem tempo nem dinheiro, de modo que John dependia de assistência alimentar para ajudar a sustentar sua família. Ele nunca imaginou que tivesse de recorrer a essa assistência — ele não era o típico cara da "bolsa-alimentação". Mas ele faria o que fosse preciso para sobreviver e para alimentar sua família. Afinal de contas, John tinha certeza de que aquela seria uma situação temporária, pois seus planos eram muito mais ambiciosos. Ele tinha aquela vontade irresistível de se tornar empreendedor e de investir em uma ideia que lhe parecesse excelente para um negócio.

A paixão de John é pesquisar e preparar ervas e plantas comestíveis e medicinais. Junto com a esposa, ele havia criado um jogo educativo de tabuleiro para ensinar às crianças tudo o que fosse possível a respeito das ervas. O jogo fora batizado de "Wildcraft: An Herbal Adventure Game", e era o momento de apresentá-lo ao mercado.

Evidentemente, a criação de um jogo de tabuleiro exige custos iniciais bastante elevados — a quantidade mínima de unidades encomendadas tem de ser razoavelmente alta. Mas John foi em frente; conseguiu um empréstimo de quase US$20 mil com seu pai e encomendou 1.500 jogos. Assim como muitos outros empreendedores, ele estava disposto a se endividar para dar início a seu negócio. E, mesmo que novas dívidas pudessem parecer um retrocesso, ele sabia que, quando as vendas começassem a surgir, conseguiria quitar o empréstimo.

Chegou, então, o grande dia: os jogos foram entregues em sua casa, e ele começou a se dar conta do que significava ter de estocar 1.500 jogos. À medida que caixas e mais caixas eram descarregadas do pequeno caminhão, seu entusiasmo foi se transformando em preocupação. As caixas ocuparam toda a garagem. Depois, o quarto de hóspedes. Depois, o banheiro de serviço, incluindo o boxe.

Mas John afastou essa preocupação, pois era o momento de apresentar o jogo ao mundo. Era um belo jogo, e ele tinha consciência de que o produto poderia oferecer horas de entretenimento e instrução para uma série de famílias... além de ser seu passaporte para escapar das dívidas e encontrar prosperidade para sua própria família.

John planejou, então, uma "festa de lançamento", para a qual convidou seus amigos e conhecidos, estendendo-a até sua comunidade. Ele não tinha certeza do que esperar, mas havia uma situação para a qual ele não estava preparado — a decepção total.

A TERRA DOS EMPREENDEDORES DOS SONHOS DESFEITOS

Infelizmente, é preciso muito mais do que uma boa ideia para dar início a um negócio. Na verdade, essa história se assemelha bastante a milhares de outras de empreendedorismo cujo fim é uma derrota esmagadora. Observamos isso o tempo todo: uma nova loja no shopping, um novo restaurante no centro da cidade... de repente, aparecem vazios e com uma placa de "aluga-se" pendurada na janela. Um lindo blog recém-lançado, que começa cheio de empolgação, mas que logo se converte em uma cidade-fantasma, sem nenhum visitante, nenhum comentário ou artigo novo. É muito decepcionante, pois não se trata apenas de um negócio — trata-se do sonho de alguém. São centenas de horas e milhares de dólares investidos em um grande projeto — um grande projeto que fracassa catastroficamente.

No caso de John, o panorama era especialmente sombrio. Ele vendeu apenas 12 jogos em sua festa de lançamento, ficando com 1.488 jogos encalhados. John estava passando por um momento realmente difícil em sua vida. Ele não apenas se sentia fracassado, como estava, literalmente, cercado pelo próprio fracasso. Ele e a família viviam em um lar abarrotado até o teto com todos os jogos que ele não tinha conseguido vender. Aqueles jogos pareciam encará-lo todos os minutos do dia, o dia inteiro. Pior ainda: ele não sabia o que fazer dali em diante. Tinha acabado de se comprometer com uma dívida astronômica, encontrava-se cercado por um estoque encalhado e não tinha a menor ideia de como sair daquele buraco.

Assim como muitos outros aspirantes a empreendedor, John estava vendo seus sonhos praticamente se despedaçarem diante do infortúnio que eu chamo de "Marketing da Esperança" Ele criou o produto e alimentou a esperança de que venderia bem. Se você conhece alguns empreendedores, provavelmente já ouviu histórias bem similares. No entanto, a história de John termina de modo diferente...

ARRANCANDO A VITÓRIA DAS GARRAS DO FRACASSO

Estimulado por sua esposa, John consultou o Google e buscou orientação sobre lançamento de produtos — e foi assim que ele descobriu a Product Launch Formula™ (http://www.ProductLaunchFormula.com). E, então, considerando-se que meu Programa de Treinamento na PLF não é muito barato, ele pediu mais um empréstimo ao seu pai. (OBSERVAÇÃO: NÃO aconselho pegar dinheiro emprestado para comprar qualquer um dos meus materiais de treinamento. Isso funcionou no caso de John, mas não é uma prática que eu recomende.)

John mergulhou de cabeça na PLF e constatou, intuitivamente, que ela se ajustaria de forma perfeita ao seu jogo de tabuleiro. Em algumas semanas, ele já havia concebido um novo plano para o lançamento do produto e estava pronto para colocá-lo em ação. Vale a pena ressaltar que John não teve quase nenhuma despesa em seu lançamento ao estilo PLF. O programa está relacionado, principalmente, ao método, e não ao investimento de grandes somas de dinheiro no lançamento. John ficou contando as horas até o novo lançamento, com enorme ansiedade, imaginando se suas expectativas recém-reforçadas seriam atendidas.

Ele não precisou esperar muito. Os resultados foram surpreendentes — com uma incrível diferença em relação ao seu primeiro e malfadado lançamento. Somente no período do lançamento inicial, John vendeu 670 jogos, acumulando cerca de US$20 mil em vendas! O mais extraordinário é que praticamente todo esse montante pôde ser usado para pagar o custo de fabricação dos jogos, já que ele não gastou quase nada no lançamento.

Assim, para aqueles que estão fazendo as contas, foram 12 vendas usando o Marketing da Esperança e 670 usando a Product Launch Formula™. Isso representou um aumento de 55 vezes. O preço do jogo girava em torno de US$30. Portanto, traduzido em termos financeiros, o contraste parece ainda mais espetacular: US$360 em vendas contra US$20.100. Apenas para não deixar nenhuma dúvida, John não gastou absolutamente nada em publicidade durante o lançamento ao estilo PLF. Ele não precisou estabelecer nenhuma parceria nova para promover seu produto nem contou com a cobertura da mídia. John usou os mesmos recursos e bens dos quais já dispunha, e, uma vez que sua família estava vivendo com ajuda da bolsa-alimentação do governo, ele claramente não contava com muitos recursos. Na verdade, começou com um laptop emprestado, usando uma conexão gratuita de internet, na biblioteca local.

O sucesso de John naquele primeiro lançamento foi verdadeiramente notável, mas tratava-se apenas do início. Hoje, ele já vendeu mais de 50 mil exemplares do seu jogo Wildcraft e já lançou muitos outros produtos, incluindo um dos sites de cadastramento mais populares em seu nicho de negócios (o HerbMentor.com). Na verdade, o que ele conseguiu realizar desde aquele primeiro lançamento torna seu sucesso inicial comparativamente modesto. Mais à frente, darei detalhes sobre essa história ímpar, pois é um exemplo muito bom de como um lançamento bem-executado pode fazê-lo se estabelecer em um negócio praticamente de um dia para o outro. Mas, por enquanto, vamos dizer apenas que ele foi o sujeito que passou "da bolsa-alimentação à renda de seis dígitos".

Mais uma observação antes de interrompermos temporariamente a história de John: o único recurso do qual ele dispunha em seu lançamento era uma pequena lista de e-mails — pessoas que haviam solicitado que ele as contatasse através do correio eletrônico. No próximo capítulo, abordarei a magia que é possuir uma lista. Mas o fato é que, quando você associa qualquer lista à PLF, é quase como se obtivesse uma licença para imprimir dinheiro.

UM ALERTA SOBRE ESSES NÚMEROS ASTRONÔMICOS

No capítulo anterior, apresentei números incríveis, mencionando o fato de ter começado do zero, administrado um negócio do porão da minha casa e, no fim, arrecadado US$106 mil em uma única semana (sem nenhum empregado, nenhuma loja física, nenhum estoque — nada, a não ser um computador e uma conexão de internet).

Então, ensinei a minha Product Launch Formula™ a um amigo, e ele conseguiu vender US$1.080.000 em

24 horas — mais uma vez, praticamente sem nenhuma equipe, nenhum escritório etc.

Em seguida, contei que o meu negócio se expandiu, a ponto de render mais de US$1 milhão em vendas em UMA ÚNICA HORA (quando eu ainda estava trabalhando em casa e administrando as coisas de forma improvisada).

Depois, expliquei como meus alunos e clientes conseguiram acumular mais de US$500 milhões (!) em lançamentos de produtos em todos os tipos de mercados — vendendo vários produtos diferentes —, e que muitos deles eram responsáveis por micronegócios, praticamente sem nenhuma despesa. E, por fim, compartilhei a história de John Gallagher, que começou quando a família dele vivia com a ajuda da bolsa-alimentação do governo e evoluiu para uma renda de seis dígitos.

Na verdade, os números são tão absurdos que temo acabar confundindo você. Tenho consciência de que, quando estamos iniciando um negócio, é difícil imaginar números tão altos. Mas, por favor, lembre-se de duas coisas: primeiro, os números são todos reais. E, segundo, eu era um autêntico principiante quando dei início às minhas atividades, assim como John Gallagher e muitos de meus outros alunos.

Se você for parecido comigo, as probabilidades de realizar logo de saída um lançamento de US$1 milhão serão provavelmente menores do que as de ganhar na loteria. Isso não acontecerá no seu primeiro empreendimento. Mas você precisa saber o seguinte: assim como eu, você pode muito bem começar do zero, rapidamente expandir seu negócio e ampliar seus resultados.

Vou esmiuçar minha fórmula para que você aprenda a fazer exatamente isso; mas, primeiro, vou apresentá-lo ao "mundo oculto" no qual as pessoas comuns estão criando negócios incomuns — e fazendo isso com rapidez, e praticamente sem nenhum investimento inicial.

O MUNDO "SECRETO" DO MARKETING ON-LINE

Existe, de fato, um mundo "secreto" nos negócios, do qual a maioria das pessoas nunca ouviu falar — um mundo de personagens brilhantes, com histórias reais de ascensão social e econômica e de oportunidades praticamente ilimitadas.

Trata-se de uma área em que os negócios podem ser criados a partir do nada — use uma ideia como ponto de partida e talvez você consiga se estabelecer comercialmente em questão de dias, quase sempre sem nenhum investimento.

Um negócio improvisado, que você administra de sua própria casa, com uma equipe reduzida (ou sem equipe alguma), pode converter-se em uma empresa multimilionária.

Não há limite nem pelo tempo nem pelo espaço. Você pode tocar seu negócio de acordo com seus próprios horários, e, se assim o quiser, pode transferi-lo para o Havaí (ou para as montanhas do Colorado, como eu fiz).

Não é necessário investir grandes somas de dinheiro para começar; você pode "configurar" seu caminho para o sucesso sem precisar levantar nenhum capital.

E, por fim, um mundo "escalável" — pois esses negócios podem expandir-se independentemente do tempo que lhes for dedicado. Isso significa que você se libertará da armadilha de trocar seu precioso tempo por dólares. Sua renda será alavancada. Qualquer pessoa que esteja entre os 99% mais pobres da população poderá enriquecer de verdade.

Estamos falando do local dos empreendimentos de micronegócios em marketing direto. Tive a sorte de me deparar com ele ainda em 1996, nos primórdios dos negócios on-line. Esse mundo transformou minha vida e, conforme pude constatar, já transformou a vida de milhares de outras pessoas. Sua história e sua evolução são incríveis, e talvez algum dia eu escreva um livro sobre isso, pois trata-se de uma situação que poucos vivenciaram tão intensamente quanto eu. Porém, em cumprimento aos objetivos deste livro, serei obrigado a apresentá-lo a esse universo, para que você possa compreender perfeitamente a Product Launch Formula™ e colocar o poder da PLF em ação nos seus negócios e na sua vida.

Mas não se engane: independentemente do tamanho ou do tipo do seu negócio (ou do que você almeja para ele), esse mundo lhe oferecerá alguma coisa.

Há muito tempo, em 1996, quando comecei, a internet estava se expandindo com força total. A taxa de crescimento era exponencial. A cada mês, o número de usuários crescia em um ritmo mais rápido. A palavra "internet" estava começando a fazer parte da consciência coletiva, e, de repente, todas as pessoas estavam falando sobre isso — mesmo sem saber muito bem do que se tratava. Mas ninguém havia descoberto, de fato, como utilizar a internet para fazer negócios, e a pergunta que qualquer um com tino comercial se fazia era: "Dá para ganhar algum dinheiro com isso?"

As grandes corporações, certamente, não tinham nenhuma ideia. No entendimento da maioria delas, a internet se assemelhava mais a um faroeste selvagem do que a um ambiente usual de negócios. Esse não é o tipo de arena em que as grandes empresas gostam de atuar, mas é exatamente o ambiente em que os "pequenos empresários" (e, com esse termo, me refiro tanto aos homens como às mulheres, já que MUITAS daquelas pequenas empresas recém-lançadas eram administradas por mulheres) podem prosperar. E eles, de fato, prosperaram.

A internet oferecia a oportunidade perfeita para que o pequeno empresário desse início a um novo negócio. O custo de implementação era ínfimo, não havia horários preestabelecidos (uma vez que um site está sempre online) e eles podiam funcionar independentemente de sua localização física. Além disso, não havia uma concorrência consolidada, a regulamentação era quase inexistente, era possível obter alcance global instantâneo e esse nicho crescia a cada dia.

Tais negócios se concentravam, basicamente, no fornecimento de "informações", subdivididas em duas categorias: informações para solucionar um problema (como aprender a tocar guitarra ou a instalar uma moldura de acabamento) ou conteúdos relacionados ao entretenimento (piadas, fotos, jogos).

Em 1996, quando comecei meu negócio, era impossível dizer quantos negócios on-line lucrativos existiam, mas não eram muitos. Acredito que fossem algumas dezenas, ou talvez centenas; mas, seja qual for o número, era um universo extremamente reduzido. No entanto, aquele universo ou comunidade se expandiu depressa, pois as pessoas achavam muito fácil e simples lançar um negócio pela internet. Evidentemente, esse meio não inverteu as leis do empreendedorismo — a grande maioria daqueles negócios incipientes não durou muito tempo. Mas o enorme volume de empresas recém-lançadas era um indício de que muitos deles conseguiriam, enfim, sobreviver.

E esses negócios seriam pioneiros em muitas iniciativas comerciais orientadas para o lucro no ambiente da internet. Lembro, por exemplo, que Jeff Bezos ingressou em uma lista de discussão da qual eu fazia parte, perguntando como poderia criar um programa de afiliação à sua nova livraria on-line, Amazon.com.

Essa foi a sopa primordial do mundo dos negócios pela internet... e foi nesse contexto que eu criei o que ficaria conhecido como a Product Launch Formula™.

A FÓRMULA QUE LANÇOU MILHARES DE NEGÓCIOS

A esta altura, provavelmente, você deve estar se perguntando: "O que é exatamente a Product Launch Formula™?" E, mais importante ainda: "Ela vai funcionar no meu caso?"

Eis a situação geral: a Product Launch Formula™ é um sistema para fazer com que seu público-alvo fique tão interessado pelo seu produto (ou negócio) que ele praticamente implore para que você o venda. E tudo isso acontece antes mesmo do lançamento do produto.

A PLF funciona em todos os tipos de mercado e com todos os tipos de produtos, e é admiravelmente adaptável a quase todas as situações de lançamento de um novo produto ou de criação de um novo negócio. Ela é tão eficaz que as pessoas já me perguntaram se poderiam me passar um número de cartão de crédito para eu deixar registrado, efetuar a cobrança no cartão e lhes enviar o produto assim que fosse lançado.

É o sistema que utilizo desde 1996 e que ensino a clientes desde 2005. A comprovação está nos resultados — a fórmula continua funcionando.

Portanto, vamos começar com um fato que todos nós sabemos ser verdadeiro: o crescimento da internet, desde o fim dos anos 1990, mudou o mundo de maneira substancial. É um lugar totalmente diferente, e nunca mais voltaremos aos velhos métodos de atuação. Em nenhuma outra esfera isso é mais verdadeiro do que nos negócios, e, nesse domínio, vamos nos concentrar em três grandes mudanças:

1. **Velocidade da comunicação:** É muito mais fácil e rápido se comunicar com seu mercado do que em qualquer outra época. Em poucos minutos, é possível redigir um e-mail e enviá-lo à sua lista de clientes potenciais e atuais. Eles poderão ler a mensagem segundos depois de você pressionar o botão "enviar". Há alguns anos, o tempo total, da ideia inicial à criação, da publicação ao consumo, seria medido em dias, semanas ou meses. Hoje, isso pode ser reduzido a minutos.
2. **Custo da comunicação:** O custo para se enviar um e-mail ou postar alguma coisa para seus seguidores nas mídias sociais é extremamente baixo. As barreiras para entrar na indústria da publicação de conteúdos foram removidas. Quais são os custos envolvidos para se publicar algo? Todos nós podemos criar uma página no Facebook ou um perfil no Twitter gratuitamente e começar a publicar na mesma hora. Uma ou duas décadas atrás, até mesmo os meios mais baratos para se começar a anunciar ou publicar algo teriam lhe custado milhares de dólares.
3. **Interatividade:** Quando seus seguidores respondem à mensagem, você tem a possibilidade de rastrear os dados de diversas formas. Isso lhe dá um retorno praticamente imediato sobre como sua mensagem está sendo repercutida em seu público-

alvo. Compare essa situação com a de alguns anos atrás, quando publicar algo era quase o mesmo que dar um tiro no escuro. Dependendo do ambiente e de outras variáveis, você ouviria um leve eco algum tempo depois de ter atirado. Ou, mais provavelmente, não teria nenhum retorno.

É possível que você nunca tenha pensado nessas mudanças antes, ou, a esta altura, talvez já as considere evidentes. Seja como for, elas têm grandes implicações em muitas áreas da experiência humana — da política ao entretenimento, da medicina às relações interpessoais. Mas, aqui, focaremos nos negócios. Pelo fato de esses três fatores — velocidade, custo da comunicação e interatividade — terem mudado a forma de funcionamento dos negócios e do marketing, criaram um mundo em que os empreendedores mais ágeis podem gerar resultados positivos surpreendentes em seus negócios. E, como você perceberá, aqueles números incríveis que venho compartilhando com você começarão a fazer sentido.

TRANSFORMANDO SEU MARKETING EM UM EVENTO

Você já reparou como Hollywood tenta provocar um alvoroço antes de lançar um filme? Primeiro, há um trailer, lançado seis meses antes do filme. Depois, há comerciais de televisão anunciando-o. Em seguida, os atores comparecem a todos os programas de entrevistas. E, hoje em dia, existe uma campanha de mídias sociais bem próxima a data de lançamento.

E o que dizer sobre quando a Apple lança um produto? Eles sempre criam uma campanha maciça anunciando a data de lançamento de um produto. Nos meses anteriores a essa data, todos os sites de aficionados pela Apple ficam repletos de incontáveis rumores a respeito da data do lançamento, do produto a ser lançado e das novas características esperadas.

Esses tipos de campanhas criam um grande burburinho e entusiasmo ANTES MESMO DE O PRODUTO SER LANÇADO. Na verdade, algumas vezes o lançamento do produto se torna um evento em si. Uma grande expectativa é construída, e as pessoas ficam genuinamente interessadas, atentas.

Agora, compare isso a uma campanha normal de marketing, que chamei, anteriormente, de "Marketing da Esperança". Você cria um produto, abre um negócio ou divulga uma nova campanha publicitária e espera que tudo corra bem.

"Esperança" é uma palavra inspiradora e pode ser maravilhosa em muitas áreas de nossa vida. Se você naufragar no mar — para dar um exemplo extremo —, a esperança poderá mantê-lo vivo enquanto aguarda o resgate. Mas, nos negócios, a esperança é uma palavra feia e desagradável. Uma palavra destruidora. Você precisa administrar seu sucesso; dentro das possibilidades, deseja arriscar tudo nessa equação. Não deposite na esperança o futuro de seu negócio.

Nitidamente, seria mais interessante planejar o lançamento dos seus produtos, o lançamento do seu negócio e de suas respectivas promoções de modo que você consiga alimentar as expectativas dos seus potenciais clientes em relação aos lançamentos... certo?

Esse é o segredo dos grandes lançamentos de Hollywood e da Apple. Você não adoraria que seu negócio contasse com arranque imediato? Imagine como esse tipo de lançamento mudaria seu empreendimento. Pense em como a criação de uma expectativa maciça pelo seu produto — antes mesmo de ele ser lançado — se tornaria absolutamente decisiva.

Há apenas um problema. Você provavelmente não dispõe de um orçamento de bilhões de dólares para promover seu produto ou contratar uma renomada equipe de criação. E, a menos que você disponha dos recursos e do talento da Apple ou da Universal Studios, estará atrelado ao Marketing da Esperança.

Aguente firme, porque foi exatamente aí que a Product Launch Formula™ se mostrou um divisor de águas. Lembra-se daqueles três fatores decisivos que mencionei anteriormente — o custo cada vez menor da comunicação, sua velocidade crescente e a interatividade reforçada? Essas são as suas chaves para esse reino.

E é por esse motivo que pequenos negócios on-line, administrados por pessoas comuns como você e eu, inauguraram um campo de atuação inteiramente novo... e com oportunidades inéditas.

SEU MERCADO É UM DIÁLOGO

Assim, vamos começar com uma verdade quase universal: as pessoas consideram diálogos muito mais interessantes do que monólogos e palestras.

E a evolução da internet tem sido, basicamente, um grande movimento em direção ao aprimoramento do diálogo. Como nunca antes na história, tornou-se mais fácil comunicar-se e dialogar com mais pessoas de todas as partes do mundo.

É verdade que, algumas vezes, quando observamos comentários no YouTube, tais "diálogos" podem nos fazer questionar o futuro da humanidade. Ainda assim, estamos claramente nos comunicando mais uns com os outros hoje em dia do que em qualquer outro momento na história. Essa conversa foi transferida para os negócios — e para o marketing. As pessoas não estão mais interessadas em ser alertadas a respeito de quaisquer características de seu produto pelos anúncios de TV.

De fato, elas nunca estiveram interessadas nisso, mas agora têm mais escolhas e é muito mais fácil trocar de canal quando alguém começa a gritar: "Comprem meus produtos, comprem meus produtos, COMPREM MEUS PRODUTOS!"

Portanto, em vez de vociferar com seus clientes potenciais, que tal envolvê-los em um diálogo? Imagine, por exemplo, que você seja um guitarrista iniciante, e um experiente professor de guitarra que você segue on-line lhe diga algo como:

"Oi, estou desenvolvendo uma técnica muito bacana, através da qual consigo ensinar qualquer pessoa a tocar uma canção nova por semana, e acabei de ter uma ideia incrível para montar um curso e ensinar o meu método 'secreto'.

(Na verdade, não sei se é secreto, mas nunca vi mais ninguém utilizar esse método. Mostrei-o a alguns amigos, e ele funciona incrivelmente bem.)

De toda forma, antes de criar o curso, quero me certificar de que estou, de fato, abrangendo todos os aspectos. Assim, será que você poderia me ajudar e me dizer qual é o seu desafio n° 1 quando está tentando aprender a tocar uma nova canção?"

É muito simples... mas fazer essa pergunta dá início a um diálogo. Definitivamente, não é necessário gritar aos seus seguidores: "COMPREM MEUS PRODUTOS."

Iniciar um diálogo com seus potenciais clientes é um exemplo do que chamo de "tiro de aviso", e é uma excelente maneira de começar uma campanha de pré-lançamento. Essa simples pergunta, adaptada a centenas de mercados diferentes, tem sido o começo de inúmeros e bem-sucedidos lançamentos de produtos ao estilo PLF.

SEQUÊNCIAS, HISTÓRIAS E ESTÍMULOS

Acabei de lhe dar um pequeno exemplo do início de um pré-lançamento ao estilo PLF. Pode não parecer tão potente ou especial, mas em breve você perceberá como esse começo pouco auspicioso pode transformar-se em algo que praticamente ganha vida própria.

Em sua essência, a Product Launch Formula™ é formada por sequências, histórias e estímulos. Primeiro, vamos abordar as sequências.

O nível de informação ao qual cada um de nós está submetido todos os dias é impressionante. Há e-mails, mensagens de voz, mensagens de texto, mídias sociais, televisão, rádio, publicidade em todos os lugares (até mesmo na bandeja do encosto das poltronas dos aviões... sério?), telefones celulares, bate-papos on-line etc. O volume de informações e de dados está em constante expansão e continuará dessa forma, assim como o número de mensagens de marketing que recebemos diariamente.

Evidentemente, nossa habilidade de absorver e compreender essas mensagens NÃO foi ampliada, o que significa que estamos trabalhando mais arduamente para filtrar essas mensagens. Estamos tentando evitá-las e abstraí-las energicamente. Usamos a tecnologia para filtrar o que podemos, e, então, simplesmente ignoramos quase tudo que passa por esses filtros.

Os militares costumam utilizar a expressão "névoa da guerra". Como homem de negócios ou comerciante, você está competindo em um ambiente que eu chamo de "névoa da comunicação". Você precisa encontrar um meio de atravessar essa névoa, ou o seu negócio irá à falência. É simples assim.

Você não pode depender de apenas uma mensagem de marketing; ao contrário, você precisa pensar em "sequências". Em vez de depender de uma única forma de comunicação para mostrar a que veio, você se vale de uma sequência de comunicações que vão sendo acrescentadas umas às outras. Nossos lançamentos de produtos usam uma série de sequências — o pré-pré-lançamento, o pré-lançamento, o lançamento e o pós-lançamento.

Pense nos livros da série Harry Potter. Qual deles atraiu mais atenção em seu lançamento, o primeiro livro ou o último? A resposta é o último livro, pois cada um foi ganhando mais atenção e mais fãs — e esses fãs alimentavam obstinadamente as expectativas em relação a cada novo livro da série.

Portanto, vamos dar uma rápida olhada nas principais sequências da PLF:

1. **Pré-pré-lançamento:** É quando tudo começa. Você o utiliza para gerar expectativa entre os seus fãs mais fiéis (eu sei que, talvez, você ainda não tenha fãs fiéis — vou tocar nesse assunto no capítulo 3). O pré-pré-lançamento também é usado para avaliar a receptividade do mercado à sua oferta e para descobrir quais serão as principais objeções dos clientes. E, por mais surpreendente que pareça, o

pré-pré-lançamento pode ser útil até mesmo para ajustar a sua oferta final.

2. **Pré-lançamento:** Este é o cerne do seu sequenciamento, em que você, gradualmente, começa a envolver seu mercado com uma peça de alto valor, dividida em três partes, chamada Conteúdo de Pré-Lançamento. Com o pré-lançamento, você ativa estímulos mentais, como a autoridade, a comprovação social, a comunidade, a expectativa e a reciprocidade. E faz tudo isso ao mesmo tempo que responde às objeções do seu mercado. Tipicamente, você lança o Conteúdo de Pré-Lançamento em um período de 5 a 12 dias. O formato desse conteúdo pode variar bastante, de vídeos a áudios, de boletins em PDF a postagens em blogs, de telesseminários a softwares (e tenho certeza de que, com o passar dos anos, inventaremos mais alguns).

3. **Lançamento:** Esse é o grande dia para o qual você se preparou, o dia em que, de fato, apresentará ao mundo seu produto ou serviço e começará a receber pedidos (no jargão da PLF, chamamos isso de "Abertura do Carrinho", como na expressão "abertura do carrinho de compras"). Seu lançamento, na verdade, é uma sequência, e, por sinal, muito poderosa. Ele começa com um e-mail que diz: "Estamos abertos, agora finalmente você pode comprar", e continua por determinado período, em geral de 24 horas a sete dias, quando, enfim, o carrinho é fechado.

4. **Pós-lançamento:** Esta é a sequência de arrumação, na qual você faz um acompanhamento não apenas dos novos clientes, mas também dos potenciais clientes que não efetivaram a compra. O pós-lançamento não desperta tanto entusiasmo quanto as outras sequências, mas é importante, porque é o momento em que você agrega valor e solidifica sua marca. E, se você executá-lo corretamente, o pós-lançamento começará a preparação para o seu próximo.

Parece tudo muito simples, não é? E, na verdade, é. Isso também passa a ser uma verdadeira preciosidade quando você acrescenta o poder da história...

HISTÓRIA: COMO OS SERES HUMANOS SE COMUNICAM

As histórias são poderosas. Foi por meio delas que, desde sempre, os seres humanos transmitiram sabedoria, conhecimento e cultura. Pense nas suas memórias mais remotas da escola e o mais provável é que aquelas das quais você se lembra de verdade estejam baseadas em histórias. Pense em todas as religiões do mundo e você perceberá que a grande maioria de seus ensinamentos é transmitida por meio de histórias.

Sou uma pessoa racional e apaixonada pelo conhecimento e pelos fatos. É o mundo com o qual convivo naturalmente. Neste livro, adoraria poder lhe oferecer apenas dados, teorias, exemplos e mais dados ainda. Mas observe como iniciei os dois primeiros capítulos, com a minha própria história no capítulo 1 e, depois, com a história de John Gallagher. E adivinhe do que você vai se lembrar sobre esses dois capítulos daqui a uma semana? Aposto que será do "Sr. Mamãe fazendo seis dígitos em sete dias" e "da bolsa-alimentação aos seis dígitos". Esse é o poder de uma história.

Se quiser fazer com que seu negócio e seu marketing se tornem inesquecíveis, o marketing precisa contar uma história. Isso não significa que você terá de se transformar em um escritor, mas precisará contar uma história envolvente sobre seus produtos e serviços e explicar por que eles são importantes para seu público em potencial. E deverá comunicar essa história ao público em potencial.

Não há melhor maneira ou lugar para contar sua história do que na sequência de lançamento. Essa é uma das armas secretas da PLF, porque a forma mais poderosa de transmitir sua mensagem é com uma história, e o formato serial da Sequência de Pré-Lançamento é um ambiente perfeito para contá-la.

Não é por acaso que o conteúdo da maioria das Sequências de Pré-Lançamento está dividido em três partes. A maioria dos filmes ou romances se divide, naturalmente, em três partes, e, sem dúvida, você já deve ter ouvido a expressão "peça em três atos". Estamos lidando com uma estrutura que se mostra eficaz há anos. Então, por que não usar essa mesma estrutura em seu marketing? E por que não basear suas sequências em torno disso? Até o próprio lançamento conta com três sequências principais: o pré-pré-lançamento, o pré-lançamento e o lançamento.

Mais uma vez, isso pode parecer simples, mas é algo muito poderoso. Quando você começar a conjugar o poder das sequências e das histórias criará, então, uma estrutura extremamente potente.

A ÚLTIMA PEÇA DO QUEBRA-CABEÇA: OS ESTÍMULOS MENTAIS

Os seres humanos são criaturas curiosas. Todos nós gostamos de pensar que tomamos decisões racionais, lógicas. Mas, na realidade, não é bem assim. A maioria de nossas decisões e comportamentos se baseia na emoção e na programação mental — e, depois, usamos nossa preciosa lógica para justificar essas decisões.

Há uma série de estímulos mentais que influenciam tais decisões e comportamentos, que estão sempre funcionando em um nível subliminar à nossa consciência e exercem enorme influência na forma com que agimos.

Se percebermos, por exemplo, que algum recurso é escasso, nós lhe atribuiremos um valor maior.

Se considerarmos alguém como uma figura de autoridade, quase automaticamente nos deixaremos influenciar mais por essa pessoa.

Se nos considerarmos parte de uma comunidade, agiremos, preferencialmente, de acordo com o modo que imaginamos que os membros daquela comunidade devem agir.

Esses são apenas três dos estímulos mentais: escassez, autoridade e comunidade. No entanto, há muitos outros, e eu os abordarei no momento oportuno. Mas o que deve ser entendido neste momento é: esses estímulos exercem enorme influência em nossas ações. Eles são eternos e universais. Não perderão seu poder de persuasão tão cedo e funcionam em qualquer língua, país e em quase todos os negócios.

No fim das contas, independente do tipo de negócio ao qual você se dedique, o que importa é que você desejará influenciar seus potenciais clientes e os atuais. E a sequência de lançamento lhe dará a oportunidade única de ativar esses estímulos mentais capazes de realizar essa influência.

JUNTANDO TODAS AS PEÇAS

Este capítulo fez um rápido apanhado da Product Launch Formula™. O que ofereci aqui foi apenas uma visão geral; abordarei tudo isso com mais detalhes nos capítulos seguintes. Mas, por enquanto, você pode começar a pensar em conjugar suas sequências, o poder de uma história e os estímulos mentais.

Quando você distribuir esses estímulos mentais em camadas, deixará de depender de um estímulo específico, pois os terá combinado para criar uma mensagem bem impactante.

Em seguida, você inserirá esses estímulos mentais em uma história atraente e inesquecível, que consiga atravessar a névoa do marketing; uma história que conecte sua oferta com as esperanças, os sonhos, os medos e as aspirações de seus potenciais clientes.

Contará essa história em uma sequência correta, transformando o lançamento em um grande evento, capaz de suscitar o entusiasmo de seus clientes em potencial e gerar expectativa em torno do dia do lançamento.

Agora você já dispõe de uma fórmula para um lançamento incrível.

Essa foi a fórmula que John Gallagher usou para vender 670 jogos, em vez dos 12 comercializados por meio do tradicional e antiquado estilo do Marketing da Esperança. E foi a fórmula que ele passou a usar incessantemente, até construir um sólido negócio em um nicho restrito.

Mas, antes de entrarmos nos pormenores da Product Launch Formula™, quero apresentar mais uma peça fundamental desse quebra-cabeça. Ela acabará se transformando em sua "máquina de dinheiro" pessoal. Gosto de pensar nela como uma máquina de impressão metafórica, com a qual imprimo dinheiro legalmente, sob demanda. E você também poderá ter uma dessas máquinas de impressão...

Estou falando de sua lista de e-mails, e é disso que trataremos no próximo capítulo.

(PS: Se você estiver interessado em acompanhar um Estudo de Caso que desenvolvi com John Gallagher, em que esmiuçamos o lançamento "da bolsa-alimentação aos seis dígitos", bem como outros de seus lançamentos, visite http://thelaunchbook.com/john.)

3. Licença para imprimir dinheiro: a sua lista

Alguns anos atrás, lembro que fui a uma solenidade na escola de meu filho e fiquei conversando com a mãe de um de seus colegas. As crianças cursavam o sexto ano, o que significava que estávamos a cerca de seis anos de distância da primeira mensalidade da faculdade. E esse é um assunto que ronda as mentes dos pais com filhos em idade escolar. A outra mãe sabia que eu me interessava pelo mercado financeiro, de modo que considerei bastante natural que ela me perguntasse que tipo de plano de poupança para a faculdade eu estava fazendo para meus filhos. Porém, minha resposta não foi a que ela esperava. Eis o que eu disse:

"Não estou fazendo nenhum plano de poupança para a faculdade, pois tenho uma lista."

Ela ficou me olhando, bastante hesitante, o que não me surpreendeu. Afinal de contas, era um comentário um tanto espirituoso. Mas eu tinha respondido com toda a honestidade. Eu não estava preocupado com as mensalidades, porque sabia que tinha algo muito mais valioso do que uma poupança para a faculdade. O que eu tinha era praticamente equivalente a uma licença para "imprimir" dinheiro sempre que precisasse. Eu tinha uma lista de e-mails de clientes atuais e de potenciais clientes, a qual me dava a habilidade de gerar renda sob demanda. Evidentemente, isso não elimina o trabalho envolvido, mas o ponto principal é que ter uma lista de e-mails é o mais perto que você pode chegar de uma máquina de imprimir dinheiro.

Você gostaria de ter a habilidade de gerar renda sob demanda? Este capítulo é sobre isso.

Vou dar um exemplo do mundo real, da minha própria vida. Quando minha esposa e eu decidimos sair de Denver, o momento não era o mais propício. Meu negócio estava começando a decolar, e Mary havia acabado de deixar seu emprego para ficar em casa com as crianças. Queríamos nos mudar para as montanhas, especificamente para Durango, uma bela cidade no sudoeste do Colorado. Mas consideramos que seria melhor esperar algum tempo antes de fazer a mudança; queríamos nos adaptar ao fato de Mary ter voltado para casa. E ainda estávamos um pouco inseguros, já que meu negócio era a única fonte de renda de nossa família.

Mas você sabe o que acontece com os planos mais bem-elaborados. Apenas alguns meses depois de Mary ter deixado seu emprego, passamos um fim de semana em Durango e encontramos a casa na qual gostaríamos de morar. Era a casa dos nossos sonhos, na comunidade dos nossos sonhos. O imóvel estava imediatamente disponível, e sabíamos que ele não ficaria à venda por muito mais tempo.

O problema era escolher o momento certo. Não estávamos prontos para nos mudar para o interior do estado, a cerca de 480 quilômetros da capital. Por um lado, queríamos que as crianças terminassem o ano letivo na escola em que estavam estudando. Em segundo lugar, teríamos de comprar a casa de Durango vários meses antes de vendermos a casa de Denver. Para fazer isso, eu precisava de uma grande soma de dinheiro rapidamente — algo em torno de US$70 mil extras — para dar de entrada na nova casa.

Bem, a essa altura, muitas pessoas começariam a pensar em pegar dinheiro emprestado, fosse de um banco, de um amigo ou de um parente. Mas não era nisso que eu estava pensando. Meu primeiro pensamento foi: "Que tipo de produto posso oferecer à minha lista de e-mails para levantar esse montante rapidamente?"

Esse é o poder da lista. Significa que você tem a habilidade de criar um excelente retorno financeiro sob demanda. E foi exatamente isso o que fiz. Analisei todas as interações e respostas que havia obtido com minha lista de e-mails e me dediquei a conceber uma oferta que eu sabia que as pessoas que estão nela iriam querer. E também me certifiquei de que fosse um produto que eu poderia criar de modo rápido e fácil. E, então, organizei o lançamento daquele produto.

Essa é a história que está por trás do meu primeiro lançamento de seis dígitos — o primeiro "seis em sete" que mencionei no capítulo 1. O resultado desse lançamento foi que eu vendi US$106 mil em uma única semana, e, desse total, cerca de US$103 mil foram de lucro. E, com a mesma rapidez, consegui o sinal para dar entrada na casa.

Esse, repito, é o poder da lista (e, é claro, de uma promoção bem orquestrada, ao estilo da Product Launch Formula™).

Mas, novamente, eu não sou mágico. Não tenho nenhum superpoder. Eu me esforço para criar essa lista de e-mails — e você pode fazer o mesmo. Pense no que significaria ter esse tipo de recurso no seu negócio e na sua vida. Pense em como isso transformaria literalmente todos os aspectos da sua vida.

É disso que trata este capítulo — da elaboração de uma lista de e-mails de rápido retorno, que lhe dará imenso poder.

A ESTRATÉGIA DE OURO

Uma das principais estratégias em todos os meus negócios é, sempre, a criação de uma lista.

Se você não conseguir absorver mais NADA deste livro, a não ser uma atenção redobrada na elaboração de sua lista de clientes atuais e potenciais, ainda assim ele terá valido 10 mil vezes mais do que você pagou.

Mas a que estou me referindo, exatamente, quando digo "lista"? É muito simples: trata-se de uma lista daqueles que pediram para fazer parte de seus contatos de e-mail. Normalmente, seu site apresenta um formulário de "adesão", e as pessoas podem preencher com seus endereços eletrônicos para se cadastrar em sua lista.

É claro que você precisa dar uma boa razão para as pessoas se cadastrarem. Talvez elas possam receber um boletim eletrônico ou atualizações diárias, ser informadas sobre ofertas especiais ou acessar algum conteúdo novo. Mas, independentemente de qual seja a promessa, essa será a razão pela qual as pessoas se cadastrarão em sua lista de e-mails.

Eu, por exemplo, sou viciado em esquiar. Durante o inverno, recebo atualizações diárias sobre o volume de neve de duas pistas de esqui que ficam perto da minha casa. Todas as manhãs, recebo um breve e-mail de cada uma delas, informando-me sobre a quantidade de neve que caiu à noite. Também toco guitarra e, assim, faço parte de várias listas que me dão informações sobre novos tutoriais. E uso um Mac, por isso estou cadastrado em uma lista que me envia atualizações sobre os novos softwares para ele. São apenas alguns exemplos, mas eu participo de uma série de outras listas de e-mails. Tenho certeza de que você também faz parte de muitas.

E não se engane: quando você começar a elaborar uma lista de e-mails para seu negócio, já terá dado um grande passo no controle de seu destino financeiro.

Naturalmente, isso é válido para qualquer tipo de negócio. Sua lista, ou base de dados de potenciais clientes e de clientes fiéis, sempre será um de seus patrimônios mais importantes. Se você for dono de uma lavanderia, os clientes que utilizam com regularidade seus serviços serão seu ganha-pão. Se você administrar um restaurante, os fregueses que o frequentam toda semana ou todo mês serão aqueles que o ajudarão a se manter no mercado.

Mas o mundo on-line tende a acelerar e a intensificar tudo — e esse, definitivamente, será o caso de sua lista. No mundo on-line, sua lista é tudo.

TUDO.

Na verdade, é bem difícil compreender o poder de uma lista de e-mails até você ter uma e clicar no botão "enviar"... e, então, dentro de alguns segundos, começar a ver as pessoas que fazem parte de sua lista respondendo e navegando em seu site. Esse poder é impressionante e, depois de experimentá-lo, você perceberá que seu estilo de vida terá mudado para sempre.

E, é claro, considerando-se que existem muitos dados e muitos rastreamentos on-line, você poderá constatar os resultados em tempo real. No caso de listas maiores (digamos, listas com mais de 10 mil cadastrados), talvez sejam necessários alguns minutos até que seu servidor envie todos os e-mails. Porém, assim que sua mensagem começar a ser enviada, você começará a receber as respostas dentro de segundos. E, no caso de listas muito grandes (tenho bem mais de 100 mil cadastrados, e há listas ainda maiores por aí), algumas vezes será preciso tomar precauções extras para que o site ao qual você esteja direcionando as pessoas não saia do ar. Por exemplo, se eu colocar uma nova postagem em meu blog, o JeffWalker.com (http://www.JeffWalker.com), tenho de ser cuidadoso. Se eu direcionar muitos visitantes ao mesmo tempo, isso pode travar o servidor. O que faço, normalmente, é escalonar minhas transmissões de e-mail, de modo a enviar as mensagens apenas para uma parte da lista, em intervalos de alguns minutos.

Mas não quero parecer técnico demais logo no início dessa discussão, e não pretendo intimidá-lo. Se você ainda estiver construindo sua lista de e-mails, estará muito distante dessa preocupação com o travamento dos servidores. Só mencionei isso para lhe mostrar o poder de se ter uma lista. O fato é que, se você direcionar um tráfego muito intenso para um site, isso poderá ocasionar a sobrecarga do servidor.

Há um ditado no mundo dos negócios que resume tudo isso em cinco palavras: "Clicou em enviar, ganhou dinheiro." É por isso que ter uma lista é como ter uma licença para imprimir dinheiro à vontade. E foi por isso, é claro, que eu não estava preocupado em fazer economias para pagar o ensino superior dos meus filhos — eu tinha uma lista.

E QUANTO AO SPAM?

Antes de avançarmos um pouco mais, quero ser bastante claro a respeito disto: quando me refiro às listas de e-mails, NÃO estou falando sobre mandar um e-mail de spam, e sim sobre elaborar uma lista legítima de pessoas que pediram para fazer parte de seus contatos.

Existem muitas definições, mas o que é considerado spam vem mudando sensivelmente ao longo do tempo (e as leis que o regulamentam também continuam a sofrer alterações). Mas, para o nosso objetivo, o spam pode ser definido como o envio de um e-mail comercial não solicitado.

Quando me refiro às listas e à sua elaboração, quero dizer os e-mails que as pessoas pediram para receber. Tenho publicado conteúdos on-line desde 1996 e nunca mandei uma única mensagem de spam. Na verdade, tudo o que faço (e ensino) é a verdadeira antítese do spam.

A realidade é que enviar spam é uma forma muito rápida de ser banido do negócio. Não faça isso. Envie e-mails apenas para as pessoas que solicitaram.

SUA LISTA NÃO É UMA ESTRATÉGIA; É *A* ESTRATÉGIA

Como mencionei anteriormente, a elaboração de listas tem sido uma de minhas principais estratégias desde que comecei. Na verdade, era a ÚNICA estratégia que eu tinha quando comecei. Sempre me esforcei para elaborar listas, antes mesmo de ter um site.

Não consigo me lembrar por que eu estava tão focado nessa elaboração desde o primeiro dia, mas pude perceber logo quanto as listas eram poderosas. Elas se tornaram o alicerce de todos os negócios que lanço. Logicamente, ao longo dos anos, muitas outras pessoas também descobriram isso. Mas há algo mais que me distanciou de quase todas as outras pessoas que vinham elaborando listas, que se resume a uma única palavra:

Relacionamento.

Pode parecer uma palavra curiosa quando se trata de um e-mail que será enviado para milhares de pessoas, mas a realidade é que sua mensagem cairá em várias caixas de entrada individuais. Cada um dos cadastrados em sua lista é um indivíduo, uma pessoa única. Sei que estou afirmando o óbvio, mas parece que muitos dos que têm listas se esquecem disso. Eu os ouço falar sobre "disparar" e-mails para seus contatos — o termo que eles usam para uma transmissão desse tipo. Mas pense nisso... será que alguém gosta de receber um disparo?

Lembre-se de que seu e-mail está caindo em um lugar muito pessoal — na caixa de entrada do computador do seu leitor. Se você tem alguma dúvida quanto à privacidade desse espaço, pense apenas no que seria liberar a um estranho o acesso à sua caixa de entrada de e-mails — para muitos, não é um pensamento muito agradável. A maioria de nós quer proteger nossas caixas de entrada e, como todos os e-mails enviados caem na caixa de entrada de seu cadastrado, você adquire muito poder.

Muitas vezes, quando participo de uma conferência, as pessoas vêm até mim (pessoas que nunca encontrei antes) e conversam comigo como se fôssemos amigos que não se veem há muito tempo. Algumas vezes, fico pensando se elas NÃO SÃO realmente velhas conhecidas, de quem me esqueci por algum motivo. Elas começam a me fazer perguntas sobre coisas que eu compartilhei com elas em meus e-mails, referentes à minha vida pessoal — como foi a temporada de esqui ou de mountain bike, como estão os meus filhos e o meu progresso na prática de guitarra. E isso é uma coisa boa, porque quero que os meus leitores sintam que têm uma conexão pessoal comigo. Essa conexão é o que faz com que abram meus e-mails, que os leiam e, por fim, que cliquem nos links inseridos nessas mensagens.

Pouco importa quantas pessoas estejam na sua lista se os e-mails permanecerem fechados nas caixas de entrada dos destinatários. Se eles não abrirem e não lerem os e-mails enviados, talvez nem tivesse sido preciso se preocupar em elaborar uma lista.

Estou falando sobre a "capacidade de retorno" da sua lista... e esse nível varia radicalmente. Há listas em que 60% ou mais das pessoas participantes abrem os e-mails. Elas ocupam o extremo hiper-responsivo do espectro. E há outras listas em que menos de 1% das pessoas integrantes abrem o e-mail, o que representa o extremo lamentavelmente pouco responsivo.

É claro que você deseja uma lista responsiva. É melhor ter uma lista de cem pessoas em que 60% abram seus e-mails (ou seja, sessenta pessoas lendo o seu e-mail) do que uma lista de mil pessoas em que 1% apenas abra seus e-mails (ou seja, dez pessoas lendo seu e-mail).

Sendo assim, como você elabora e alimenta uma lista de grande retorno? Bem, há muitas estratégias envolvidas (e um pouco de mágica) na elaboração de uma lista responsiva, mas tudo se resume, de fato, ao "relacionamento". E a maneira mais fácil de aumentar a capacidade de retorno da sua lista é aprimorar a conexão e o relacionamento que você tem com ela. Lembre-se...

1. O tamanho da sua lista não é tão importante quanto sua capacidade de retorno, de modo que o relacionamento com a lista é extremamente importante.
2. O processo da PLF como um todo, que você está prestes a aprender, é uma das melhores formas de desenvolver o relacionamento com sua lista.

E QUANTO ÀS MÍDIAS SOCIAIS?

Naturalmente, há outros tipos de listas além do e-mail. Você também pode elaborar uma lista de seguidores nos sites de mídias sociais, como Facebook, YouTube ou Twitter.

Mas, por enquanto, o e-mail ainda é mais efetivo. As listas das mídias sociais não chegam nem perto disso.

Em termos dos índices totais de resposta, um contato de e-mail vale muito mais do que um contato de mídia social. Na verdade, as últimas verificações a que tive acesso mostram que o e-mail é vinte vezes mais potente do que uma lista do Facebook. Em outras palavras, uma lista de e-mail de mil pessoas terá um desempenho melhor do que uma lista de 20 mil seguidores no Facebook. Com certeza, esse número irá variar radicalmente em cada situação, com base em uma série de fatores diferentes, mas o fato é que as listas de e-mails ainda são muito mais poderosas do que as listas de mídias sociais.

No futuro, isso poderá mudar, mas uma coisa é certa: a mecânica dos negócios on-line está SEMPRE mudando. Tenho ouvido falar a respeito da morte do e-mail desde 2003, mas ele continua gerando milhões de dólares por ano para os meus negócios.

Outro problema com a elaboração de uma lista nos sites de mídias sociais é que a plataforma não está sob o seu controle. Se você construir uma lista no Facebook, será preciso ter em mente que ela, na verdade, é propriedade do Facebook, e que eles podem mudar as regras a qualquer momento. E observe que os sites de mídias sociais MUDAM as regras, e têm feito isso com certa regularidade. Sua lista será o maior patrimônio do seu negócio, e trata-se de um recurso muito importante para ser elaborado em uma plataforma que você não é capaz de controlar.

Por fim, os sites de mídias sociais vêm e vão. Alguns anos atrás, o Myspace era a grande novidade. Muitas pessoas gastaram um tempo enorme para garantir uma forte presença lá. Hoje em dia, trata-se, basicamente, de uma cidade-fantasma. Não se engane, isso VAI acontecer com outros sites de mídias sociais, de modo que é preciso ter cuidado com a elaboração de listas em plataformas que, algum dia, poderão desaparecer.

Gostaria de deixar claro que considero a elaboração de listas de seguidores em sites de mídias sociais algo válido, mas deve-se ter cuidado. Quando você o faz, depara com dois grandes perigos. O primeiro é que o site pode mudar as regras de utilização de sua lista ou fechar completamente sua conta. O segundo risco é que o site de mídia social pode, de fato, perder seu alcance, e as pessoas podem preferir abandonar o site, indo em busca da próxima novidade.

UM COMPRADOR É UM COMPRADOR

Há vários tipos de listas, e é importante entender as diferenças entre elas. Muitas vezes, quando as pessoas falam sobre o assunto, simplesmente citam um número: "Tenho uma lista de 30 mil pessoas!" Bem, uma afirmação como essa não significa muito. Portanto, vamos destrinchar as coisas um pouquinho mais...

Até aqui, falamos sobre dois tipos de listas: e-mail e mídias sociais. Também mencionei que, hoje em dia, as listas de e-mail são muito mais potentes do que as listas de mídias sociais.

Outra distinção fundamental deve ser feita entre as listas de "potenciais clientes" e as listas de "consumidores". A definição é bastante simples. Um cliente em potencial é alguém que ainda NÃO comprou nada do que você tem para vender. Um comprador é alguém que já COMPROU algum produto. No seu negócio, você terá os dois tipos de listas. E é importante lembrar que uma lista de compradores é muito mais valiosa do que uma lista de clientes em potencial. Em minha experiência, uma pessoa que faz parte de sua lista de compradores valerá de dez a 15 vezes mais do que uma pessoa que está em sua lista de clientes em potencial.

Isso leva a alguns pontos cruciais. Primeiro, sua intenção é tentar transferir as pessoas de sua lista de potenciais clientes para a lista de compradores (e, a propósito, o lançamento de produtos ao estilo PLF é a melhor forma que encontrei para fazer isso).

Em segundo lugar, você tratará essas duas listas de forma diferente. Você desejará manter um excelente relacionamento com ambas, mas, se estiver disposto a investir mais tempo e mais esforço, então o lugar certo para fazer isso é a lista de compradores. No geral, isso significará se dedicar enviando um conteúdo interessante ou algum tipo de bônus. Lembro que eu costumava fazer encomendas em uma loja de comércio eletrônico que geralmente (mas nem sempre) incluía pirulitos ou alguma outra lembrancinha em suas embalagens. Tenho certeza de que o custo disso era de apenas alguns centavos, mas ainda me lembro de receber aqueles extras — e já faz anos que não compro com eles. Um pequeno bônus surpresa ou um toque pessoal podem ser muito úteis. Nós, por exemplo, sempre enviamos um cartão-postal pelo correio convencional, com a palavra "Obrigado" escrita à mão, aos nossos novos Proprietários da Product Launch Formula™. É uma forma simples de se destacar e de desenvolver um relacionamento.

Com um negócio on-line, é muito fácil criar e enviar bônus centrados em conteúdo, como um vídeo adicional de treinamento ou um boletim eletrônico. Isso, obviamente, funcionará muito bem em negócios com base em informações (no caso da venda de um produto do tipo "aprenda a tocar guitarra"), mas também trará resultados em outros negócios.

O site que vende cursos "aprenda a tocar guitarra" pode, por exemplo, incluir uma videoaula extra sobre acordes móveis ou outro assunto. Mas vamos supor que você seja dono de um comércio eletrônico que venda guitarras. Talvez você pudesse enviar aquele mesmo vídeo que ensina a tocar acordes móveis, ou um vídeo sobre como manter uma guitarra e cuidar dela.

Um fator determinante é a maneira pela qual você "envia" o vídeo bônus. Você pode gravá-lo em um DVD e remetê-lo ao seu cliente; essa seria a maneira tradicional. Você gastaria tempo e dinheiro com a preparação, a cópia e o envio do DVD, que, provavelmente, seria posto de lado e jamais visto.

Ou poderia fazer uma postagem on-line do vídeo bônus em seu site (algo muito fácil de fazer — você encontra a Página de Recursos em http://thelaunchbook.com/resources). Esse método é mais simples e rápido e não custará quase nada, a não ser o tempo de gravar e editar o vídeo. Além disso, ao fim do seu e-mail, você pode colocar um link direto para o vídeo bônus — uma excelente forma de condicionar as pessoas a abrir os e-mails e clicar nos links. Afinal de contas, se você enviar bônus interessantes periodicamente no corpo de seus e-mails, as pessoas sempre ficarão aguardando o próximo.

COMO ELABORAR SUA LISTA

Agora que já falei bastante sobre o incrível poder das listas, espero que você tenha se convencido de que é preciso ter uma o mais breve possível. Portanto, eis como fazê-lo.

Antes de mais nada, esta será uma lição hiper-resumida sobre a elaboração de listas. Eu poderia escrever um livro inteiro sobre esse assunto. E, de fato, já criei um curso completo a respeito disso, pois é um tema muito vasto e profundo, extremamente importante. Se você quiser se aprofundar nesse tópico (e deveria!), consulte gratuitamente o meu Esquema de Elaboração de Listas em http://thelaunchbook.com/list.

A primeira coisa que você precisa fazer é ter clareza sobre quem é seu cliente em potencial — usamos o termo "avatar". Pense no seu avatar como seu cliente potencial típico, a pessoa a quem você está tentando chegar. Assim, se você for um instrutor de golfe, não pretende atingir todos os adeptos do golfe; talvez esteja em busca de estudantes do ensino médio que disputam uma bolsa de estudos em uma universidade e que também jogam golfe. Ou talvez busque mulheres entre 45 e 55 anos que começaram a jogar golfe depois que seus filhos ingressaram na faculdade. Ou, ainda, procure homens com handicap* inferior a 10, interessados em aprimorar suas tacadas de curto alcance.

Na verdade, não conheço muito bem o mercado de golfe; estou fazendo uma mera suposição. Mas dá para se ter uma ideia — tudo o que estiver relacionado ao seu marketing será completamente diferente, dependendo de qual, dentre esses três grupos distintos, for seu público-alvo.

Portanto, esse é o segredo: o empenho para elaborar uma lista é o ponto crucial de seus esforços de marketing. É nesse momento que as pessoas entrarão em contato com você pela primeira vez, de modo que é preciso acertar. E o primeiro passo para acertar é compreender para quem você está vendendo, quem é o seu avatar. A razão pela qual você tem de acertar é que vamos criar o que se chama de "página de captura", que trará uma "oferta de adesão" — é a oferta que você fará para convencer alguém a aderir à sua lista de e-mails. Uma forma de pensar nessa oferta é como se ela fosse um suborno, mas um suborno

---

*Nos esportes, é a vantagem concedida para compensar deficiências de um dos competidores, a fim de igualar as chances de vitória de todos. (N. do E.)

ético. Você tem algo de valor que será oferecido aos que visitarem seu site se eles aderirem (ou se cadastrarem) à sua lista. A página de captura e a oferta de adesão serão decisivas nos seus esforços para elaborar uma lista.

IMPORTANTE: Como acabei de mencionar, é crucial acertar nessa primeira parte do marketing. Na verdade, é fundamental. Esse é o elemento primordial na batalha pelo seu negócio. PORÉM, você não precisa acertar logo de saída. De fato, ninguém consegue acertar de imediato. A boa notícia é que é muito fácil ir se aprimorando aos poucos. Primeiro, você monta a sua página de captura e, depois, começa a incrementá-la.

Uma das características mais interessantes de um negócio on-line é a quantidade de dados que são gerados e a facilidade de se testarem as coisas. No formulário mais básico (e um dos mais úteis), você cria duas versões de sua página de captura. Em seguida, usa um software para alternar as versões que serão exibidas aos visitantes de seu site (consulte minha Página de Recursos em http://thelaunchbook.com/resources) e verifica qual delas apresenta o melhor índice de resposta. Depois de determinar a mais eficaz, use-a, mas crie outro teste para checar se é possível aprimorá-la ainda mais, e assim por diante.

Isso se chama "teste de divisão", ou "teste A-B", e é a chave para aumentar constantemente a "conversão" de seu site — nesse caso, sua conversão é a porcentagem de visitantes que aderem à sua lista de e-mails.

Mais uma vez, a coisa mais importante a lembrar é esta: não se preocupe com a perfeição quando estiver começando. Ninguém consegue acertar de primeira. O mais importante é criar a versão inicial e aprimorá-la a partir daí.

COMO FAZER COM QUE AS PESSOAS RESOLVAM ADERIR À SUA LISTA

O que é uma página de captura? Na medida em que se pode afirmar, essa ideia foi concebida anos atrás pelo meu amigo Dean Jackson (IloveMarketing.com), tendo se mostrado um dos acontecimentos mais significativos no mundo do marketing pela internet. Uma página de captura é muito simples e oferece apenas duas opções ao visitante:

1. Ele pode optar por inserir seu endereço de e-mail para ter acesso gratuito a algo (esse é o seu suborno ético).
2. Pode sair da página.

Ao forçar o visitante a escolher... bem, você o força a escolher. E, antes de mais nada, você deve ter em mente que, em quase todos os sites, a maioria preferirá sair da página.

Pensar que a maioria dos visitantes sairá rapidamente de seu site pode ser muito doloroso para quem acabou de lançar uma página. Mas a realidade é que apenas uma coisa é 100% garantida no seu site: no fim, TODOS vão sair da sua página. E você precisa compreender isso — se eles deixarem seu site sem optar por aderir à sua lista ou comprar algo de você, as probabilidades de voltarem serão extremamente baixas. E, quando eu digo "extremamente baixas", o que quero dizer é "chance zero". Se você tiver alguma dúvida quanto a isso, pense apenas em suas próprias ações on-line. Quantas vezes você retorna a um site que você visitou aleatoriamente, mesmo que o tenha marcado como favorito — mesmo que o site seja realmente interessante? É provável que você não retorne com muita frequência; antes de tudo, é uma questão de estar "longe dos olhos, longe da mente". Seus visitantes farão o mesmo. Depois que saírem do seu site, nunca mais pensarão nele novamente... A MENOS QUE você consiga capturar seus endereços de e-mail. Tudo mudará se eles decidirem aderir à sua lista, porque assim você poderá usar os e-mails para direcioná-los novamente ao seu site (ou a qualquer site para o qual você pretenda encaminhá-los).

Quando você passa a pensar na elaboração de sua lista dessa forma, subitamente faz muito mais sentido montar uma página de captura e forçar as pessoas a entrarem em seu site. Faça com que elas optem por aderir ou por sair.

Se você ainda estiver tendo dificuldades com a ideia de uma página de captura, aqui está outra forma de pensar a respeito. Considere o valor de um contato em sua lista de e-mails. Talvez seja difícil calcular esse número quando se está começando, mas, no meu nicho de mercado, a regra geral é que um contato vale US$1 por mês, ou US$12 por ano. Trata-se de uma estimativa bastante grosseira, e eu poderia escrever por horas sobre o sistema de medição e sobre as características das listas de e-mails. Mas vamos nos concentrar nesse exemplo de US$12 por ano.

Vamos dizer que você NÃO tenha uma página de captura, mas conte com algum tipo de formulário que as pessoas podem usar para se cadastrar no seu site. Talvez seja uma caixa de verificação no menu do lado direito, que diz "Cadastre-se nas minhas newsletters". Não é um método muito eficaz para converter os visitantes em seu site em contatos de e-mail; é possível que apenas 3% dos visitantes se cadastrem em sua lista. Isso significa que, no ano seguinte, cada visitante valerá US$0,36. A matemática funciona assim: já que cada contato vale US$12 por ano e 3% de seus visitantes se cadastram, trata-se de uma questão de mera multiplicação. Nesse caso, 0,03 × US$12 = US$0,36.

Agora, digamos que você tenha uma página de captura. Você está forçando seus visitantes a fazerem uma escolha — cadastrar-se em sua lista de e-mails ou sair de seu site. Com a página de captura, é muito mais provável que haja um maior índice de conversão à sua lista. Nesse caso, vamos supor que você tenha um índice de adesão de 20%. Isso significa que, no ano seguinte, cada visitante valerá US$2,40 (esse é o cálculo: 0,20 × US$12 = US$2,40).

Isso significa que, pelo fato de não contar com uma página de captura, você estará perdendo US$2,04 a cada visitante. Estará ganhando apenas US$0,36, em vez de US$2,40 por visitante. É claro que essa é uma situação hipotética... e, aqui, há todos os tipos de fatores e variáveis em ação. Mas, em muitos casos, colocar uma página de captura no seu site representa um ganho instantâneo em termos de lucratividade.

Assim, uma das coisas mais importantes para o bom funcionamento de uma página de captura é possuir uma oferta de adesão bem forte (esse é o suborno ético que mencionei antes). Basicamente, esse é o néctar que você oferecerá a seus visitantes em sua página de captura para convencê-los a aderir.

E o que é o suborno ético? Tudo depende do seu avatar... o que ele deseja realmente? Quais são seus grandes medos? Seus maiores desejos? O que lhe tira o sono? Voltando ao golfe, se o seu avatar for uma pessoa normal e pouco experiente, que joga uma partida de golfe por semana com seus colegas, talvez queira apenas se sair melhor do que seus amigos... especialmente em sua primeira tacada.

Se for esse o caso, então um grande suborno ético poderia ser um vídeo tutorial sobre como conseguir uma excelente impulsão nas primeiras tacadas de longo alcance... o tempo todo. Ou, quem sabe, em vez de um vídeo, poderia ser um boletim especial (ou seja, um boletim em PDF, por escrito).

Preparar uma página de captura de forma correta é preparar o suborno ético de forma correta. E não é necessário acertar logo de saída, pois isso também pode ser testado com muita facilidade. Mas, no fim das contas, a eficácia de sua página de captura depende muito da qualidade de seu suborno e de quanto ele atende às expectativas, aos sonhos e aos desejos de seu avatar.

Basta de teoria... vamos exemplificar com algumas páginas de captura.

Até aqui, já abordamos:

1. A definição de seu avatar;
2. A criação de um suborno ético para facilitar a adesão;
3. A criação de sua página de captura.

Tudo o que falta fazer para aumentar o tamanho da sua lista é direcionar algum tráfego para a página de captura. Mas é claro que o direcionamento de tráfego é outro daqueles grandes temas sobre os quais eu poderia escrever um ou dois livros inteiros. É um assunto que está em constante mudança, o que significa que, se eu de fato escrevesse esses livros, eles provavelmente estariam desatualizados na hora em que você os estivesse lendo. Mas eis aqui uma visão da situação geral...

Existem várias formas de direcionar o tráfego. A primeira delas, em que quase todos nós pensamos, são os mecanismos de busca, como o Google. Normalmente, chamamos isso de tráfego de "busca natural" — o tráfego criado quando as pessoas encontram seu site nos mecanismos de busca. Fazer com que seu site obtenha uma boa classificação no Google (e, por "classificação", quero dizer aparecer próximo às posições mais altas nas listagens de busca) envolve uma parte de ciência e outra de arte, e há pessoas que dedicam toda uma carreira a isso. Algo importante a ser lembrado é que é MUITO difícil fazer com que uma página de captura alcance uma boa classificação no Google. Ainda assim, a busca natural é algo que sempre procuro incorporar, em algum grau, aos meus negócios.

Outra forma de direcionar o tráfego é por meio da "busca paga" — aqueles pequenos anúncios que se encontram no lado superior direito das listagens do Google, assim como alguns parecidos no Facebook. De modo geral, tais anúncios são comercializados segundo os moldes de um leilão... eles estão disponíveis para quem oferecer mais. Na verdade, é um pouco mais complicado do que isso, mas, por enquanto, essa é uma explicação bastante razoável. De qualquer maneira, a busca paga pode ser cara... embora seja ótima para testar as páginas de captura, porque você começa, literalmente, a direcionar o tráfego em poucos minutos.

Outra forma de enviar tráfego para seu site é por intermédio das mídias sociais, como o Facebook, o Twitter e o YouTube. Mais uma vez, trata-se de um assunto extenso — extenso demais para ser abordado com profundidade aqui, mas eu adoraria poder ter contado com uma ferramenta como o Facebook quando comecei. Você pode marcar sua presença no Facebook em minutos e começar a reunir seguidores de forma quase imediata. Você já sabe que a minha preferência será sempre no sentido de elaborar uma lista de e-mails em vez de uma lista de mídias sociais, mas nada impede que aproveite sua presença nas mídias sociais para direcionar tráfego para a sua página de captura. Em outras palavras, você pode usar seus seguidores nas mídias sociais para elaborar sua lista de e-mails.

Há muitas outras maneiras de direcionar tráfego para a sua página de captura, como criar um conteúdo de qualidade capaz de atraí-lo pelo boca a boca (essa sempre foi uma das minhas favoritas), buscar formas alternativas de publicidade e organizar fóruns on-line.

E, é claro, há a minha fonte de tráfego predileta: os parceiros associados e os parceiros de empreendimentos conjuntos. Trata-se da situação em que outras pessoas que já têm suas listas enviam a você um enorme volume de tráfego, sem que isso lhe traga nenhum custo inicial — elas são remuneradas em função das vendas que forem geradas com aquele tráfego. Esse é o melhor dos atalhos para se elaborar uma lista com um grande número de contatos. Na verdade, em poucos dias, consegui adicionar mais de 50 mil pessoas à minha lista usando esse método. Mas essa é uma estratégia avançada, e ainda não estamos prontos para falar sobre ela — entrarei em todos os detalhes um pouco mais adiante.

O SEGREDO PARA TER UMA LISTA É SOMENTE COMEÇAR

A esta altura, espero que você já tenha se convencido do poder das listas e da absoluta necessidade de elaborar uma no seu negócio. Fico impressionado ao perceber que ainda existem pessoas que não fazem isso, já que as listas estão intimamente relacionadas aos seus resultados finais. Suas listas de clientes potenciais e atuais são o maior patrimônio de seu negócio. Na verdade, eu poderia afirmar categoricamente que, na maior parte dos negócios on-line, elas são o ÚNICO recurso verdadeiro.

Desde que comecei a ensinar a Product Launch Formula™, a primeira pergunta que me fazem, obviamente, é: "E se eu não tiver uma lista?" Ou, algumas vezes, as pessoas ficam se lamentando: "Jeff, isso é ótimo no seu caso, porque você já tem uma lista enorme, mas eu não tenho nenhuma lista."

A verdade é que foi exatamente assim que eu comecei: com ZERO pessoas na minha lista. Mas continuei me esforçando para elaborá-la. Lenta, metódica e cuidadosamente. Havia dias em que eu conseguia somente mais um cadastrado; em outros, eu não conseguia nenhum.

Aos poucos, meus esforços foram se intensificando, e eu passei a conseguir de três a quatro cadastrados por dia. Mantive esse ritmo e, em pouco tempo, eu estava conseguindo trinta cadastrados por dia... e trinta cadastrados por dia é um número que começa a fazer sentido. São novecentos cadastrados por mês, ou 10.800 cadastrados por ano.

E adivinhe! Em muitos mercados, você pode fazer centenas de milhares de dólares por ano com uma lista de 10 mil cadastrados.

A conclusão é que, se você deseja construir um negócio on-line viável, PRECISA se concentrar na elaboração de listas. Foi por essa razão que coloquei este capítulo logo no início do livro — é um princípio fundamental. E isso faz parte da história da Product Launch Formula^{TM}, porque não existe melhor maneira de maximizar os resultados obtidos com a sua lista do que por meio do lançamento de um produto.

E este é um segredo ainda maior: não existe maneira melhor de elaborar rapidamente uma lista do que por meio do lançamento de um produto. Você se lembra de John Gallagher, que lançou um jogo de tabuleiro? A lista que ele utilizou naquele lançamento era bastante pequena. E você se lembrará que o primeiro lançamento dele (antes de ele adquirir a PLF) vendeu apenas 12 unidades. Mas, depois de colocar a PLF em prática, ele vendeu 670 unidades. O que eu não mencionei é que, além de todo esse volume de vendas, ele também adicionou mais de mil novos cadastrados ao longo do segundo lançamento.

Normalmente, é isso o que acontece em um lançamento ao estilo PLF bem estruturado. É uma das melhores maneiras de elaborar a sua lista. Mas eu estou avançando demais...

4. Sideways Sales Letter™: como se tornar um campeão de vendas sem ser um "vendedor inconveniente"

Por volta de 1996, quando dei início ao meu primeiro negócio on-line, não tinha nenhum conhecimento sobre vendas ou marketing e acabei deparando com todos os tipos de coisa. E cometi um "erro" que fez toda a diferença. Na verdade, aquele erro se tornou a estratégia central que me rendeu milhões de dólares, proporcionou centenas de milhões de dólares aos meus clientes e mudou a forma com que os produtos passaram a ser vendidos on-line. Essa estratégia é a Sideways Sales Letter™.

Quando comecei, eu não só não tinha nenhum conhecimento sobre como vender as coisas, como também desconhecia totalmente que havia escolas para ensinar tudo a respeito de vendas. Eu não sabia que existiam os mais variados tipos de teorias e de treinamento em vendas. Não tinha a menor ideia.

Por isso, fiz a única coisa que me parecia natural: inventei minha própria forma de vender. No fim das contas, o que criei estava em perfeita sintonia com o novo e rápido ritmo de evolução dos negócios. Era uma maneira bastante adequada à internet e às nossas vidas recentemente conectadas. À medida que as pessoas foram se tornando cada vez mais interconectadas em função da internet, o mundo das vendas também foi se modificando por completo.

Pense nisto: ao comprar quase todos os tipos de mercadorias, você pode acessar na mesma hora os comentários de usuários reais no Amazon.com. Se você estiver saindo de férias, pode ler rapidamente os comentários no TripAdvisor.com. Se estiver procurando um filme para assistir, pode verificar a respectiva cotação... em suma, há de tudo na internet.

E, com uma conectividade maior, as pessoas se tornaram mais preocupadas com a autenticidade, tornaram-se mais céticas. É como se todos estivessem andando com um gigantesco e hipersensível "Detector de Bobagens" que não desliga nunca.

As pessoas aprenderam a enxergar um discurso de venda a milhares de quilômetros de distância e a desconfiar disso. É apenas um efeito colateral do nosso mundo superconectado. E, por esse motivo, em muitos casos, a velha e tradicional maneira de vender já não funciona mais tão bem. Ou, pelo menos, não tão bem quanto a Sideways Sales Letter™.

Antes de explicá-la, preciso fazer uma contextualização. Existe uma ferramenta tradicional no marketing direto, estabelecida há muitas décadas, chamada apenas de "carta de vendas" (também conhecida como "carta de vendas detalhada"). Basicamente, trata-se de um longo anúncio impresso, escrito na forma de uma carta. Essas cartas de vendas podem ter oito, 12 ou 24 páginas de extensão, ou ser ainda maiores. Quando a maioria das pessoas depara pela primeira vez com uma carta de vendas detalhada, há duas reações possíveis. Se for um assunto no qual elas estejam interessadas e se for uma boa carta, escrita por um redator profissional, começarão a lê-la e logo se sentirão atraídas pelo que está sendo descrito ali. Por outro lado, se for um assunto ao qual elas não dão importância ou se a carta estiver mal escrita, elas vão ficar se perguntando por que ALGUÉM iria querer ler um anúncio tão grande e entediante.

Porém, o mais importante a ser lembrado é que essas cartas de vendas detalhadas foram usadas por décadas a fio e geraram bilhões de dólares para todos os tipos de produtos diferentes. O desenvolvimento dos longos textos e das cartas de vendas foi uma das principais invenções no mundo das vendas e do marketing. Para usar emprestada a velha expressão de uma lenda da publicidade, Albert Lasker, tratava-se de "uma forma ampliada de vendas". Efetivamente, era possível realizar uma venda complexa sem precisar estar frente a frente com seu potencial cliente.

UMA VELHA FERRAMENTA
PARA NOVOS LUCROS

O que aconteceu com a carta de vendas quando a internet surgiu? Ela foi transferida para o mundo on-line com relativa facilidade. Em poucos anos, as cartas de vendas se tornaram bastante populares na rede. Na verdade, tornaram-se ainda mais longas na internet, porque não era necessário pagar os custos de impressão. Usar uma carta de vendas de quarenta páginas não era mais caro do que usar uma de 12 páginas e, assim, o tamanho de muitas dessas cartas aumentou ainda mais.

Nos últimos anos, outra novidade foi o uso dos vídeos. A carta de vendas detalhada se transformou em um vídeo promocional detalhado. Pense nisso como se fosse um comercial de vinte a trinta minutos de duração.

Provavelmente, você já deve ter visitado algum site com uma carta de vendas ou um vídeo promocional detalhados. Esses sites são muito simples — de modo geral, eles têm apenas uma página, que é uma enorme carta de vendas detalhada a respeito de um único produto. Não há outros links no site, a não ser o botão "Compre agora" ou "Adicione ao carrinho de compras". Ou você compra o produto ou sai da página.

Como alternativa, a página também pode conter um vídeo promocional. Nesse caso, a página será muito simples, com um vídeo que pode durar de 15 minutos até uma hora ou mais. Novamente, o único link na página é o botão "Adicione ao carrinho de compras".

Por volta de 1998 e 1999, quando o comércio eletrônico e as vendas on-line começaram a ser usados, as cartas de vendas detalhadas começaram a proliferar, em especial entre os pequenos empresários que haviam acabado de lançar seus negócios. E, definitivamente, no mundo do "marketing de informação".

É interessante observar que esse foi o momento em que as grandes "marcas" on-line se viram afetadas pela bolha da internet. Elas não estavam focadas na conversão e nem sequer se importavam muito com os lucros. Estavam preocupadas com a "aquisição de usuários" e com o nível de "adesão" de seus sites — era o tipo de coisa que adquiria uma valoração incrível em Wall Street. É difícil de acreditar, mas o faturamento e os lucros não estavam, de fato, na mira daquelas empresas pontocom. Eram os microempreendedores e os micronegócios que, solitária e fragmentariamente, se preocupavam com esse tipo de coisa. E foram eles que revolucionaram as técnicas de marketing direto responsáveis pela sobrevivência do comércio on-line até os dias de hoje.

De qualquer forma, quando a carta de vendas detalhada foi adotada no mundo do marketing on-line, funcionou plenamente. Muitos sites que começaram a usar essa antiga ferramenta de marketing direto logo perceberam um aumento substancial em seus índices de conversão e lucros. Mas, ainda que esses sites estivessem se proliferando, seus dias estavam contados...

ADOTE A SIDEWAYS SALES LETTER™

O segredo da Sideways Sales Letter™ que criei foi este: em vez de usar oito, 12 ou vinte páginas para contar a história em uma carta de vendas detalhada e verticalizada, virei o processo de vendas pelo avesso.

No lugar de páginas, eu usei dias. Em vez de uma carta de vendas de dez páginas, usei uma sequência de dez dias. Não usei uma única carta superdetalhada, mas a dividi em alguns contatos ao longo de vários dias. Podemos chamar esses contatos de "Conteúdo de Pré-Lançamento" ou "PLC" (na sigla em inglês).

Em vez de esperar que, de alguma forma, eu conseguisse conceber magicamente uma fascinante carta de vendas capaz de manter as pessoas interessadas na leitura página após página, usei um excelente conteúdo sequencial e o poder da narrativa a fim de atrair a atenção do potencial cliente para minha mensagem de venda.

Não propus o equivalente a um extenso monólogo, e sim transformei todo o processo em uma conversa... sobre o lançamento.

No lugar de apostar todas as fichas no contato único do potencial cliente com a página de vendas, usei o poder dos múltiplos "toques" e uma sequência para despertar a expectativa dos meus potenciais clientes e transformar meu marketing em um evento.

Essencialmente, a Sideways Sales Letter™ é uma sequência de Conteúdo de Pré-Lançamento acompanhada por uma mensagem de venda. A sequência típica terá um Conteúdo de Pré-Lançamento dividido em três partes, que será compartilhado com seus potenciais clientes por um período de até 12 dias. Ao longo desses dias, o conteúdo será oferecido, em geral, em vídeos on-line, mas pode assumir uma infinidade de formatos, como e-mail, postagens em blogs ou boletins em PDF. O Conteúdo de Pré-Lançamento é estruturado de modo que seja um conteúdo atraente, útil... e que conduza, naturalmente, à venda de seu produto. Ao fim da Sequência de Pré-Lançamento, você promove a "Abertura do Carrinho", enviando seus potenciais clientes para a página de vendas, a fim de efetivá-la.

Quero enfatizar essa parte do conteúdo **útil**: não se trata apenas de usar um discurso de venda e alongá-lo por várias semanas. Isso não vai atrair nem prender a atenção de ninguém. Por meio desse processo, você oferece um valor real a seus potenciais clientes.

O que descrevi aqui foi uma versão hipercondensada da Sideway Sales Letter™ e do processo de lançamento, e me aprofundarei nos detalhes de como executá-lo. Mas, por enquanto, é importante saber que os resultados são surpreendentes. Vamos dar uma olhada em um exemplo...

SAINDO DO TREM DE CARGA E EMBARCANDO NO TREM DO PROGRESSO

Barry Friedman é malabarista profissional e muito bemsucedido em sua área. Ele começou a trabalhar com malabarismo aos 15 anos e, em pouco tempo, se apaixonou perdidamente pela atividade. Barry decidiu que queria ganhar a vida como malabarista e profissional do entretenimento, embora seu orientador vocacional do ensino médio o tivesse alertado para o fato de que, em alguns anos, ele provavelmente estaria falido e desabrigado. Esse prognóstico não se concretizou, e Barry alcançou enorme sucesso, incluindo um convite, aos 23 anos, para o *The Tonight Show*, com Johnny Carson, e uma apresentação na Casa Branca.

Além de suas habilidades como malabarista, Barry também se tornou altamente capacitado no aspecto comercial de sua profissão. Ele conseguia agendar apresentações muito bem remuneradas, a maior parte para o mundo corporativo. A vida corria bem, e Barry estava vivendo de sua arte.

Mas, então, veio o dia em que, praticando mountain bike, Barry sofreu um grave acidente. Enquanto estava internado no hospital para se recuperar das cirurgias de reparação do ombro e da clavícula, ele ficou imaginando como conseguiria se sustentar. Sua carreira dependia de suas viagens por todo o país para realizar suas apresentações e atuações nos palcos. Agora, ele precisaria enfrentar um período de seis meses de recuperação, e, mesmo assim, ainda não havia ficado claro se conseguiria voltar a praticar malabarismo depois das cirurgias a que teve de ser submetido. Sua renda dependia de sua saúde e de sua habilidade em continuar se apresentando.

Evidentemente, Barry não era muito diferente da maioria de nós nesse sentido. Sua segurança financeira estava atrelada à sua capacidade de continuar trabalhando. Ainda que subir ao palco e se apresentar fosse muito mais glamouroso do que dirigir até o trabalho e se sentar diante do computador em um escritório, ele ainda estava trocando seu tempo por dólares. Mesmo que trabalhasse por conta própria e que cada uma de suas apresentações lhe rendesse um excelente cachê, Barry ainda estava vendendo o seu tempo e recebendo dinheiro por isso. Se ele não se apresentasse, não seria remunerado.

Foi aí que ele começou a conceber outro plano — uma forma alternativa de ganhar a vida, totalmente distinta do método de fazer dinheiro "trocando dólares por horas". Ele estava prestes a embarcar no que eu chamo de "Trem do Progresso", em que a renda não está atrelada ao número de horas ou dias trabalhados. Barry sabia que muitos de seus colegas de profissão lutavam arduamente para dominar o aspecto comercial de sua atividade. Eles não sabiam se promover de forma adequada, e a marcação de apresentações nunca era algo muito fácil. E, nisso, Barry era muito bom — porque, além de ser um malabarista excepcional, ele sempre se saía bem no agendamento de apresentações, especialmente para o mundo corporativo, que pagava melhor. Ele sabia como vender seus serviços e ser muito bem remunerado por isso.

Barry decidiu que era hora de começar a ensinar essas habilidades. Ele já havia acompanhado uma série de programas de treinamento on-line, e essa lhe parecia uma ótima maneira de ensinar os artistas a conseguir apresentações com cachês mais elevados. Barry também havia descoberto a Product Launch Formula™ e seguido o programa. Ele criou um site de cadastramento on-line chamado "Consiga mais apresentações no mundo corporativo", que permitiu a seus clientes acesso a um treinamento contínuo, por uma assinatura mensal de US$37.

A Product Launch Formula™ funciona muito bem em sites de cadastramento como os de Barry, mas eu gostaria de focar no lançamento do produto elaborado a seguir. Ele decidiu criar um grupo de treinamento de alto nível, em que colaboraria muito mais estreitamente com seus clientes, cobrando um preço maior.

Barry estudou programas de treinamento sofisticados (como a minha Product Launch Formula™) e sabia quanto eles podiam ser poderosos. Foi assim que ele criou uma oferta denominada "Esquema do Showbiz". Seria um programa de treinamento de dez semanas, restrito a poucos participantes, em que seus clientes teriam acesso a aulas coletivas semanais a distância. Também haveria um "lugar na berlinda" para cada participante, um site específico da comunidade, "horários de trabalho" semanais e uma série de outros benefícios. Para garantir a todos atenção individual adequada, a oferta estaria limitada a apenas 15 participantes. O preço era de US$2 mil, caso as pessoas fizessem o pagamento antecipadamente, e um pouco superior se usassem o plano de pagamento.

O Esquema do Showbiz oferecia, é claro, um nível muito mais alto de formação, treinamento e interatividade do que o site de cadastramento de Barry e era destinado ao público mais selecionado de seu mercado. Esse tipo de oferta premium é especialmente compatível com os lançamentos ao estilo PLF, porque comprar um produto como esse é uma decisão importante, que exige grande empenho. A Sideways Sales Letter™ lhe dá tempo suficiente para comunicar o verdadeiro valor de sua oferta.

Barry promoveu seu lançamento valendo-se de uma lista de menos de mil pessoas. Ele usou a primeira parte do Conteúdo de Pré-Lançamento para estabelecer rápida afinidade com seus leitores e demonstrar que realmente entendia suas dificuldades. Na verdade, era mais do que entender suas dificuldades... de fato, ele as havia sentido na própria pele.

Ele sabia que seu público-alvo conseguia agendar apresentações gratuitas com relativa facilidade, como eventos em bibliotecas, festivais, festas de aniversário e programas semelhantes, mas não sabia se promover adequadamente diante dos clientes que tinham dinheiro! Nem sequer estavam cientes de que o marketing que vinham utilizando para conseguir aquelas apresentações mal remuneradas estava, na verdade, afastando-os das potenciais apresentações com cachês mais elevados.

O principal foco de dificuldade que Barry abordou em seu pré-lançamento (ou seja, em sua Sideways Sales Letter™) é que o artista comum tem pavor de se sentir obrigado a aceitar um emprego nos moldes tradicionais. Para mágicos, ventríloquos, humoristas ou malabaristas talentosos, é um pesadelo imaginar que existe a possibilidade de acabar servindo mesas ou dirigindo um caminhão. E, talvez, até pior do que isso — ter de admitir que seus pais, professores ou amigos tinham razão: que eles jamais conseguiriam sobreviver como profissionais do entretenimento!

Assim, a primeira parte do Conteúdo de Pré-Lançamento de Barry mostrava aos seus potenciais clientes que ele os compreendia a fundo, já que suas esperanças, sonhos e medos eram os mesmos. E, então, o vídeo começava a descrever a oportunidade de construir um negócio sólido (e uma renda sólida) usando suas habilidades. O tema básico do vídeo era este:

"Sou muito parecido com você. Descobri minha paixão pelo malabarismo quando era jovem, mas me disseram que eu não poderia fazer isso se quisesse me sustentar. Meu orientador vocacional do ensino médio, o Sr. Pavliga, me disse que, se eu insistisse em seguir a carreira de malabarista, quando tivesse 22 anos, já estaria falido e, provavelmente, seria um sem-teto. Naquele instante, jurei a mim mesmo que eu iria provar que ele estava errado.

Alguns anos depois, quando acabei de fazer 23 anos, me apresentei pela primeira vez no *Tonight Show*. Nos bastidores, fiquei pensando: 'Espero que o Sr. Pavliga esteja assistindo.' Foi tudo em que consegui pensar quando ouvi Johnny Carson chamar o meu nome e o do meu parceiro. Tinham me dito que eu nunca conseguiria ser bem-sucedido como malabarista profissional, mas eu não escutei o que me disseram e, hoje em dia, já apareci em mais de cem programas de televisão... e você pode fazer o mesmo! Agora, quero lhe mostrar como."

É claro que havia muito mais no vídeo, mas isso é suficiente para dar uma ideia do tom geral. Basicamente, Barry demonstrou sua credibilidade, criando uma grande afinidade com seus potenciais clientes e transmitindo uma mensagem bastante inspiradora. Ele também ofereceu um valor real, pois estava mostrando aos seus espectadores que era possível, sim, conseguir agendar boas apresentações que pagassem muito bem. O vídeo deixava claro que vender a si mesmo como um artista bem remunerado era uma habilidade que podia ser aprendida. Por fim, o vídeo mostrava aos profissionais do entretenimento a oportunidade de usar suas próprias habilidades e ganhar muito mais dinheiro com elas. E em nenhum momento do vídeo havia sinal de uma mensagem ou de um discurso de venda. Você pode assistir ao primeiro vídeo de Barry neste link: http://thelaunchbook.com/barry.

Uma parte muito importante da Sideways Sales Letter™ é o que eu chamo de "Diálogo de Lançamento", porque geralmente você posta o seu Conteúdo de Pré-Lançamento em um blog, em que há espaço para a inclusão de comentários abaixo do vídeo. No fim dos seus vídeos, você pede aos espectadores para dar algum tipo de retorno, como perguntas ou comentários. Barry fez exatamente isso e, logo depois, ingressou no debate. Ele respondeu às perguntas e estabeleceu uma conversa com seus potenciais clientes. Quando você faz isso, o lançamento deixa de ser um monólogo e passa a ser um diálogo... e os diálogos são quase sempre mais interessantes do que os monólogos.

E aqueles comentários também dão uma noção excelente acerca do que seus clientes potenciais estão pensando e sentindo. As perguntas que eles formulam o ajudarão a identificar as maiores objeções, o que possibilitará que você responda a elas, tanto seus comentários quanto nas partes seguintes do seu Conteúdo de Pré-Lançamento.

No segundo vídeo de pré-lançamento, Barry retomou a questão da angústia potencial pelo fracasso do negócio, e, em seguida, passou a focar no treinamento propriamente dito. A mensagem básica geral era esta:

"E se tudo isso não funcionar e seus pais estivessem certos? E se você não conseguir fazer sucesso como profissional do entretenimento? Se quiser ser bem-sucedido nesse negócio, você precisa tratá-lo como tal. Você passou centenas de horas trabalhando para aprimorar sua arte, mas essa é apenas uma parte da equação. Não basta ser capaz de montar um grande espetáculo. Você também precisa trabalhar para gerenciar seu negócio e dominar seu posicionamento no mercado e sua autopromoção.

Descobri como fazer as duas coisas — montar um grande espetáculo e construir um grande negócio. Eis aqui o que eu fiz para construir uma carreira extremamente bem-sucedida como malabarista. Eis aqui o que funciona e o que não funciona. E, se você estiver cometendo esses erros banais, eis aqui como consertá-los."

A partir daí, Barry começava a ensinar ao seu público os princípios e métodos fundamentais para que eles se autopromovessem como profissionais do entretenimento.

Muitas vezes, as pessoas se preocupam porque oferecem uma boa parte das "melhores coisas" durante o pré-lançamento. Elas se preocupam com o fato de que, se derem informações demais, seus potenciais clientes não terão necessidade de comprar seus produtos. Mas, segundo minha experiência, isso raramente é um problema. O erro que vejo com muito mais frequência é não oferecer um conteúdo de alta qualidade. Nesse caso, Barry estava lançando uma oferta superqualificada; ninguém mais no mercado estava cobrando perto de US$2 mil. Se você vai vender algo para um público mais selecionado, a melhor maneira de atrair os clientes sofisticados é oferecer um alto valor logo no início. E foi exatamente isso o que Barry fez.

Lembre-se: embora Barry fosse um malabarista bem-sucedido, já houvesse viajado o mundo todo com seu negócio e, até mesmo, aparecido na televisão e se apresentado na Casa Branca, ele ainda estava vendendo para pessoas que nunca tinham ouvido falar dele. Ele não era oficialmente capacitado a ministrar aulas sobre negócios, não tinha nenhuma carta de recomendação e não possuía diplomas ou certificados. Ele ensinaria a partir de sua experiência (o que, é claro, forma os melhores professores), mas isso não alterava o fato de ele ser um completo desconhecido para a maioria de seus potenciais clientes.

Porém, ao compartilhar um excelente conteúdo em seus vídeos de pré-lançamento, ele demonstrou a autoridade necessária. Provou que tinha experiência para ensinar seus potenciais clientes a conseguir apresentações que pagassem melhor e a construir seu negócio.

E, da mesma forma que em seu primeiro vídeo, não havia nenhum sinal de venda nessa sua segunda parte do Conteúdo de Pré-Lançamento. Apenas um conteúdo sólido, excelente. Barry estava estabelecendo sua autoridade e estava construindo uma grande reciprocidade com seu público. (Ih... dei um passo à frente aqui. No próximo capítulo, vou lhe mostrar a magia dos estímulos mentais, que podem exercer enorme influência sobre seu público. A autoridade e a reciprocidade são dois desses estímulos mentais decisivos e superpoderosos que abordarei no capítulo seguinte.)

Antes de encerrar a questão do risco de oferecer uma boa parte das melhores coisas em seu pré-lançamento, eu gostaria de dizer algo: se você está preocupado com o fato de que muitas pessoas não comprarão nada depois de acompanhar o seu pré-lançamento, você está coberto de razão. A maior parte de seus potenciais clientes não comprará nada. Na verdade, em quase todos os lançamentos, a maioria de seus potenciais clientes não comprará absolutamente nada. É assim mesmo que funciona. É assim que o marketing direto funciona. No entanto, aqueles que comprarem farão toda a diferença — afinal de contas, de quantas vendas de US$2 mil Barry precisava para provocar um grande impacto em sua vida? A resposta é: não muitas.

Assim, em seu terceiro vídeo de pré-lançamento, Barry recapitulou a história do lançamento e intensificou ainda mais os ensinamentos. Na verdade, ele analisou os sites de vários profissionais do entretenimento, mostrando os erros que estavam cometendo e mostrou como aqueles erros poderiam ser corrigidos rapidamente.

E, nesse ponto, Barry começou a dar uma guinada em direção à venda. Ele falou sobre como orientaria pessoalmente 15 pessoas a utilizar seu Esquema do Showbiz, que era o sistema promocional que ajudava a conseguir as apresentações com melhor remuneração na indústria, incluindo o programa de Johnny Carson e a Casa Branca. Essa foi a primeira menção a um produto que seria oferecido, a primeira pista de que haveria uma venda.

Dar essa guinada em direção à venda na parte final do Conteúdo de Pré-Lançamento é fundamental, e desconsiderá-la é um erro que muitos cometem. Em geral, as pessoas que organizam um lançamento ficam tão envolvidas com o oferecimento de um conteúdo de qualidade que evitam mencionar a venda no vídeo final de pré-lançamento.

Quando entrevistei Barry para o Estudo de Caso sobre seu lançamento, fiz uma pergunta sobre isso, e, como não poderia deixar de ser, ele me disse que não pretendia inserir aquela guinada no vídeo final. Estava adorando transmitir seus conhecimentos, e os potenciais clientes estavam adorando Barry pelo excelente conteúdo que ele estava oferecendo. Não queria estragar todas aquelas boas vibrações com o anúncio de um produto. Mas Barry disse: "Decidi, simplesmente, seguir a PLF. Você me recomendou que colocasse isso lá, e foi o que eu fiz. A fórmula funcionou."

Os três vídeos foram apresentados em um período de seis dias. E, quando Barry abriu as inscrições, todas as 15 vagas foram preenchidas quase imediatamente, atingindo US$29.955 em vendas. Seus custos eram quase nulos — basicamente, apenas as taxas para processar os pedidos feitos por cartões de crédito.

E, em meio ao alvoroço que o lançamento causou e os resultados que seus clientes obtiveram, Barry teve ímpeto suficiente para formar outra turma assim que a primeira foi concluída. Isso significa que suas vendas totais chegaram a US$59.910... e ele conseguiu fazer isso a partir de uma lista de e-mails com menos de mil pessoas.

Em outras palavras, seu lucro foi de mais de US$59 por potencial cliente — ele conseguiu quase US$60 por cada pessoa de sua lista de e-mails!

Mas não parou por aí. Desde então, Barry já reeditou o mesmíssimo lançamento, com os mesmos vídeos, quatro vezes seguidas. Em cada um deles, as turmas variaram de 15 a 18 alunos. Depois de alguns lançamentos, Barry parou de oferecer aulas individuais a distância para todos os inscritos. O resultado foi outro grande passo em termos da otimização do seu tempo. Com isso, o preço foi reduzido para US$997, mas cada venda adicional já não lhe exigia nenhum tempo a mais. Agora, ele estava vendendo sem ter de fazer nenhum trabalho suplementar. Tinha abandonado o mundo da "troca de horas por dólares" e embarcado no trem do progresso.

Se você estiver disposto a fazer o cálculo, a essa altura ele já formou seis turmas, com 15 a 18 pessoas cada. A maioria dessas pessoas pagou US$2 mil, e algumas delas pagaram US$997 para a versão sem nenhuma aula individual a distância. Isso quer dizer que Barry conseguiu arrecadar mais de US$100 mil em vendas, com custos praticamente irrisórios. Ele fez tudo isso vendendo um produto que oferecia um enorme valor a seus clientes... sem precisar aparecer em nenhum programa de televisão.

Esse é o poder de um lançamento ao estilo PLF, e esse é o poder da Sideways Sales Letter™. Esses instrumentos lhe dão tempo e espaço para se conectar aos seus potenciais clientes e oferecer um valor real. Eles permitem que você avance em meio à névoa do marketing e se distancie de qualquer concorrente. Criam uma máquina de vendas extremamente eficaz, sem exigir que você seja um grande vendedor. E não terá a sensação de que precisa tomar um banho depois de efetivar a venda.

(Você pode acompanhar todo o estudo de caso com Barry Friedman em http://thelaunchbook.com/barry.)

5. Ferramentas para influenciar as massas: os estímulos mentais

Quando lancei o treinamento na minha Product Launch Formula™, em 2005, duas coisas aconteceram...

Primeiro, as pessoas começaram a usar minha fórmula e a alcançar resultados incríveis — a ponto de os empresários ficarem totalmente atordoados. Os resultados eram duas, cinco, dez e até cinquenta vezes superiores ao que eles estavam acostumados a ver.

E, segundo, muitos "especialistas" do mercado começaram a prever, quase imediatamente, que todo aquele sucesso começaria a diminuir à medida que a tática se difundisse. Diziam que a PLF era um modismo e que as pessoas logo parariam de responder aos lançamentos. Quando todos já tivessem deparado com um deles, haveria uma situação de "desencanto", e os resultados desacelerariam.

É claro que isso não aconteceu, pois os resultados que meus alunos estão alcançando hoje são ainda melhores do que na época em que comecei a ensinar a Product Launch Formula™. Enquanto escrevo estas linhas, acabamos de presenciar um dos maiores lançamentos em um dos mercados mais competitivos. O veredito está aí: os lançamentos ao estilo PLF não desapareceram. Eles simplesmente se tornaram melhores conforme fomos refinando o modelo.

Eis aqui o que aqueles especialistas que seguiam seu próprio estilo deixaram de perceber em 2005 e o que alguns deles deixam de perceber até hoje: uma das razões pelas quais o modelo continua funcionando é que viemos aprimorando a tática. Mas uma razão ainda maior é que o sucesso desse modelo de lançamento de produtos se deve às ESTRATÉGIAS integradas que utilizamos, que são atemporais. A PLF resistiu ao teste do tempo porque está solidamente atrelada à essência do psiquismo.

Isso pode parecer uma frase de efeito inserida em um livro de marketing e empreendedorismo, mas foi o que preparamos para você neste capítulo...

Eu já lhe dei algumas pistas, fazendo uma pequena introdução sobre os estímulos mentais — aquelas coisas que influenciam diretamente o modo como agimos e tomamos decisões. Elas são muito poderosas e operam em um nível subconsciente. Esses estímulos mentais têm raízes que remontam a milhares de anos e estão presentes em todos nós, nos mais variados graus. A menos que haja uma mudança fundamental na maneira como nossos cérebros funcionam (altamente improvável!), eles continuarão a exercer uma influência maciça sobre nossas ações.

Parte do poder da Product Launch Formula™ é que ela proporciona uma base sobre a qual é possível ativar esses estímulos mentais à medida que você avança em seu lançamento. Esses estímulos (junto com suas sequências e a história de seu lançamento) formam o alicerce de um bem-sucedido lançamento de produto. Desperte-os uma e outra vez em sua Sequência de Pré-Lançamento e em sua Sequência de Lançamento e poderá causar um efeito quase hipnótico em seus potenciais clientes (e até mesmo no mercado como um todo).

AUMENTO DO PODER GERA AUMENTO DA RESPONSABILIDADE

Antes de entrar em detalhes sobre esses estímulos mentais, devo avisá-lo de que eles são poderosos. E, infelizmente, podem ser usados tanto para o bem quanto para o mal. Para ser franco, admito que esse conhecimento cairá nas mãos de algumas pessoas que o utilizarão de forma pouco ética. Mas também sei, a partir dos longos anos de trabalho com os Proprietários da PLF, que quase todos são íntegros, que dominam esse conhecimento e irão aplicá-lo de forma ética, agregando um valor inestimável ao mundo.

Meu mais sincero desejo é que você faça exatamente isto: crie algo incrível e use esse conhecimento para compartilhar seus talentos com o mundo.

Certo, vamos começar — estes são nove dos meus estímulos mentais preferidos:

1. Autoridade

As pessoas tendem a seguir os que estão em posição de autoridade. Pense nos médicos, com seus jalecos brancos. Assim que vemos aquele jaleco entrando na sala de exames, quase todos nos tornamos mais respeitosos. Ouvimos o que o médico tem a dizer e acatamos com toda a seriedade seus conselhos. Provavelmente, sentimo-nos um pouco intimidados para discordar de qualquer coisa que a pessoa que veste aquela roupa está dizendo.

Isso não é incomum. De modo geral, procuramos outras pessoas para nos orientar quanto às nossas decisões. Assim como muitos outros, o estímulo da autoridade nos ajuda a encurtar o processo de tomada de decisão. Em nossa vida cotidiana, temos milhares e milhares de pequenas decisões a tomar, o tempo todo. Cada ação que executamos envolve algum nível de reflexão e decisão. Seguir as pessoas que estão em posição de autoridade é uma maneira que nosso cérebro encontrou, ao longo da evolução, de tomar essas decisões de forma mais eficaz.

Se você quiser exercer mais influência em seu negócio e em seu marketing, ser percebido como uma autoridade será muito recompensador. E a boa notícia é que demonstrar autoridade pode ser surpreendentemente fácil. Quando eu era adolescente e cursava o ensino médio, aprendi uma lição muito importante sobre autoridade. Eu e mais três amigos estávamos voltando para casa de carro, após uma partida de futebol do colégio — assim como algumas centenas de pessoas —, e ficamos presos em um engarrafamento dentro do estacionamento. Havia tantos carros tentando sair do local que ninguém conseguia dar um passo adiante. Um dos meus amigos, que entendia muito mais de autoridade do que eu, encontrou uma lanterna perdida no chão do carro e percebeu imediatamente o que era preciso fazer. Ele saiu do carro, ligou a lanterna e começou a orientar o tráfego. Na verdade, ele não orientou propriamente o tráfego; ele se posicionou na frente do nosso carro e acenou para que avançássemos em meio ao congestionamento. Ao ver o facho de luz da lanterna, os outros motoristas abriram caminho para o nosso "controlador de trânsito" pessoal, e nós conseguimos sair do estacionamento. A única autoridade que ele tinha para controlar o trânsito vinha de sua lanterna. Mas as pessoas a viram e imaginaram que ele estivesse em uma posição de autoridade. Aprendi uma grande lição naquela noite: não é preciso muito esforço para demonstrar autoridade.

A Product Launch Formula™ é uma ferramenta perfeita para estabelecer autoridade. Conforme avançamos no processo do pré-lançamento e compartilhamos conteúdo de alta qualidade com nossos potenciais clientes, demonstramos autoridade quase automaticamente. Quando Barry Friedman mencionou ter aparecido no *The Tonight Show* e se apresentado na Casa Branca, isso lhe conferiu autoridade instantânea. E o fato de ter mencionado essas conquistas no contexto de prestação de auxílio aos seus clientes não soou como uma autopromoção estéril, mas, ao contrário, ajudou-o a estabelecer vínculos com seus potenciais clientes.

2. Reciprocidade

A reciprocidade é a ideia de que, se alguém nos oferece algo, sentiremos a obrigação de retribuir. Esse é um estímulo mental muito importante, e, novamente, é algo que remonta a milhares de anos. Na verdade, a reciprocidade é a própria base sobre a qual os seres humanos se apoiaram para inventar o comércio e executar transações. Para que a negociação exista, deve haver uma dose de confiança de que, ao oferecer um produto ou serviço a alguém, a transação só estará concluída quando essa pessoa "cumprir sua parte" no acordo.

A reciprocidade é um estímulo muito poderoso. Em minha família, por exemplo, celebramos o Natal, e uma parte muito relevante da tradição natalina é a ideia de presentear uns aos outros. E acredite em mim quando digo que uma das piores sensações do mundo é quando um amigo ou vizinho aparece em sua casa com um presente e você não tem nada para lhe oferecer em troca. Quer você comemore o Natal ou não, tenho certeza de que conhece essa sensação. Quando alguém lhe dá um presente e você não encontra um meio de retribuir, isso estimula algo muito profundo dentro de você. Você deseja "ser justo" e procura uma forma de retribuir, de dar algo em troca.

Durante um lançamento ao estilo PLF, você passa todo o período do pré-lançamento oferecendo produtos às pessoas. O lançamento tem tudo a ver com isso... com o oferecimento de um conteúdo excelente e gratuito. Quando você oferece esse conteúdo, está criando um grande desequilíbrio em termos de reciprocidade. Quanto maior o valor de seu Conteúdo de Pré-Lançamento, maior o desequilíbrio. No fim, quando você pedir algo em troca, a tendência de seu cliente potencial a querer retribuir será muito maior. E, ao fim do lançamento, essa reciprocidade geralmente se traduzirá em uma venda.

Durante um pré-lançamento haverá vários ciclos de reciprocidade, de dar e receber, até que você possa, enfim, chegar à etapa do pedido de compra. Mas não se engane — a reciprocidade é um estímulo mental extremamente poderoso, e você estará ativando esse estímulo ao longo de todo o seu lançamento.

3. Confiança

Inspirar confiança é o caminho mais curto para se tornar influente na vida de alguém. Tenho certeza de que você consegue se lembrar de muitas ocasiões em que um amigo ou parente de confiança lhe contou algo em que você acreditou sem questionar, em função de seu relacionamento com essa pessoa. Algo que, se um estranho tivesse lhe contado, você não teria acreditado de jeito nenhum. Esse é o poder da confiança.

Obviamente, se você quiser influenciar alguém, será muito mais fácil se essa pessoa já confiar em você. Se quiser fazer com que alguém aja de determinada maneira, será muito mais fácil se essa pessoa já confiar em você. Se quiser convencer alguém a comprar algum produto seu, será muito mais fácil se essa pessoa já confiar em você.

Nos negócios, é claro, pode ser difícil ganhar a confiança de alguém. Especialmente agora, em que todas as pessoas são bombardeadas, o dia inteiro, por mensagens. Seu potencial cliente está recebendo milhares e milhares de mensagens. Atravessar essa "névoa do marketing" é muito difícil. Tentar inspirar confiança nesse ambiente é, com efeito, mais difícil ainda.

Uma das maneiras mais fáceis de inspirar confiança é o tempo. Talvez você se lembre da época em que seu vizinho lhe parecia um tanto diferente, ou, até mesmo, esquisito. Você não o considerava um amigo, provavelmente porque não o conhecia muito bem. Mas, depois de conviver com ele por algum tempo e depois de ele ter-se mostrado confiável e honesto, você desenvolveu um senso de confiança nele. O tempo faz com que seja muito mais fácil confiar nas pessoas.

Esse é um dos privilégios que a Product Launch Formula™ e a Sideways Sales Letter™ lhe oferecem... o tempo. Quando comparadas a um anúncio "superficial" ou um discurso de venda, essas ferramentas lhe propiciam tempo e uma interação contínua com seus potenciais clientes. Construir uma relação de confiança com seu potencial cliente dessa forma é muito mais fácil do que à velha maneira do marketing.

4. Expectativa

Outro estímulo mental extremamente poderoso é a "expectativa", um dos pilares da Product Launch Formula™. Na verdade, quando comecei a ensinar a PLF, muitas pessoas se referiam a ela como o "marketing da expectativa".

Esse é um dos estímulos que permitem atravessar a névoa do marketing. Ela permite que você chame a atenção do seu mercado e não a deixe mais escapar. Pense em quando você era criança e ficava aguardando a chegada de um dia especial. Talvez fosse seu aniversário, a manhã de Natal ou seu último dia de aula antes das férias de verão. O tempo parecia passar mais devagar à medida que o grande e esperado dia se aproximava. Você só conseguia pensar nisso. Mal podia esperar por aquele dia.

Bem, eis aqui uma notícia em primeira mão: na verdade, todos nós somos crianças crescidas. Não paramos de alimentar expectativas em relação a esses dias especiais. E, se você fizer isso da maneira correta, seu lançamento será quase uma combinação do aniversário com as férias de verão do seu potencial cliente, em um mesmo pacote.

A expectativa está intimamente relacionada à escassez, que é outro estímulo superpoderoso que abordarei daqui a pouco. Trata-se da ideia de que as pessoas desejarão algo com mais intensidade se a oferta for reduzida. A expectativa também está ligada aos "eventos", quando você seleciona uma data em um calendário e foca toda a sua atenção nela. Se você utilizar a expectativa corretamente, as pessoas colocarão essa data em seus calendários e ficarão aguardando seu lançamento. É como se você estivesse trazendo seus potenciais clientes para sua história. Eles mal poderão esperar pelo próximo episódio para ver o que vai acontecer, para adquirir o seu produto.

Assim como todos os estímulos mentais, quando você conjuga a expectativa com eles, a força é potencializada, e o impacto, quase sempre, é espantoso.

5. Empatia

A empatia é um estímulo mental que você, certamente, já experimentou em sua vida. A verdade é que gostamos de fazer negócios com pessoas que conhecemos, apreciamos e em quem confiamos. Somos mais influenciados pelas pessoas das quais gostamos do que pelas pessoas das quais não gostamos.

Mas como podemos nos tornar mais empáticos? Arriscando-me a afirmar o óbvio, você se torna mais empático ao fazer coisas mais empáticas. Quando as pessoas veem que sua forma de agir é agradável, gentil, generosa e honesta... bem, elas gostarão mais de você. E, quanto mais empático você for, mais influência exercerá.

Em geral, as pessoas gostam mais de negociar com outras pessoas do que com uma grande corporação impessoal. Se você olhar em volta, perceberá que até mesmo as maiores empresas estão começando a se dar conta disso, fazendo o melhor possível para humanizar suas mensagens. E, na era da crescente comunicação digital, todos estamos buscando mais conexão e autenticidade.

Se você analisar o que já compartilhei aqui sobre a magia da Sequência de Pré-Lançamento, verá que uma sequência bem construída irá transformá-lo em uma pessoa inerentemente mais empática. Você está oferecendo um conteúdo excelente e gratuito às pessoas, está interagindo com elas, está respondendo às suas perguntas e aos seus comentários. Todas essas ações o tornam mais empático. Você está construindo uma forte conexão com seu mercado e com seus clientes. E isso faz com que se torne mais influente.

6. Eventos e rituais

Quando você transforma seu marketing em um evento (e isso nada mais é do que um lançamento ao estilo PLF bem executado), instantaneamente ele se torna mais sedutor. As pessoas adoram eventos, e se sentem atraídas por eles. Os eventos fazem com que se sintam parte de algo maior. Essa é uma das razões pelas quais os fãs de esportes ficam tão envolvidos quando torcem por um time. Na realidade, aqueles que estão torcendo pelo "seu time" são, em geral, um grupo de pessoas inteiramente desconhecidas. Mas assistir a uma competição do time se torna um evento importante na vida dos fãs.

Grande parte desse estímulo está assentada sobre a ideia de "ritual". Quando as pessoas participam de um evento juntas, ele se torna uma espécie de ritual. Os rituais unem as pessoas e criam uma das experiências mais poderosas que os seres humanos podem vivenciar. Na verdade, é o fundamento de quase todas as religiões. No mundo ocidental moderno, estamos, de algum modo, sedentos por rituais (o que, novamente, explica por que os eventos esportivos são importantes para tantas pessoas), e é por isso que esse tipo de experiência pode ser ímpar.

Este não é um manual sobre como criar uma religião ou uma franquia esportiva, mas estamos tratando de um estímulo vigoroso, que pode ser acessado de forma rápida e fácil. Transforme seu marketing em um evento e você transformará seus resultados.

7. Comunidade

A comunidade é um estímulo mental muito poderoso. Agimos como acreditamos que as pessoas da nossa comunidade devem agir. Na região onde fui criado, no Meio-Oeste dos Estados Unidos, quase todos se empenhavam para ter um gramado em frente às suas casas. A quantidade de tempo, esforço e dinheiro que empregávamos para plantar e manter aqueles gramados verdes e exuberantes era considerável. Acho que é possível afirmar que nem todos os que se empenhavam naqueles gramados eram verdadeiros adeptos da jardinagem. Mas a norma social era que os moradores tivessem gramados muito bem tratados em frente às suas casas e, assim, nos dedicávamos a eles com muito cuidado.

Se você pensar na sua própria vida, aposto que conseguirá se lembrar de muitas comunidades das quais você faz parte. Podem ser comunidades de trabalho, sociais, de amigos e, até mesmo, on-line. E todas elas têm normas que regulamentam o modo como seus membros devem agir. Essas normas podem variar bastante de uma comunidade para outra, mas elas são muito fortes dentro de cada uma.

Mas há algo interessante que talvez você não saiba. Embora as comunidades possam parecer extensas, rígidas e difíceis de mudar, nem sempre isso é verdadeiro. Na realidade, você pode criar sua própria comunidade on-line durante seu lançamento. Quando as pessoas começarem a interagir com você e com seu marketing, além de umas com as outras, você terá conseguido criar uma comunidade. Isso significa, logicamente, que poderá criar as normas dela, que podem incluir ações como ajudar a divulgar seu Conteúdo de Pré-Lançamento, fazer comentários no seu blog de lançamento ou "curtir" suas postagens nas mídias sociais. Pode ser, até mesmo, comprar seu produto.

8. Escassez

A escassez é um dos mais poderosos estímulos mentais que existem e ponto final. É simples: quando há menor oferta de alguma coisa, passamos a desejá-la com mais intensidade. É, na verdade, a *percepção* da escassez que nos motiva. Se você pensar nisso, o poder da escassez se manifesta várias vezes em nossas vidas, nos mais variados tipos de situações. Por que as pessoas valorizam os diamantes, mais do que as outras pedras preciosas? Porque eles são mais difíceis de achar. Eles são mais difíceis de cortar. São mais raros. E são muito caros.

O mesmo acontece com o ouro, os Rolex e as Ferrari.

Uma das coisas que a escassez provoca é obrigar as pessoas a tomar uma decisão. Se houver essa possibilidade, a maioria das pessoas adiará uma decisão, especialmente se for preciso gastar dinheiro. Um dos objetivos principais do seu marketing é forçar as pessoas a tomar uma decisão. Esse é o efeito da escassez. Se algo for verdadeiramente raro, então a pessoa terá de agir rápido, antes que aquele recurso desapareça.

Para executar um lançamento de forma correta, é imperativo que você acrescente escassez a esse lançamento. Deverá existir alguma consequência negativa se as pessoas não agirem e não comprarem antes do fim do período de lançamento (o preço, por exemplo, pode aumentar depois do lançamento). Se você sempre incluir algum grau de escassez em seu lançamento, isso fará com que seus resultados alcancem um patamar completamente diferente.

De modo geral, observamos que a maior parte das vendas acontece nas últimas 24 horas do período de lançamento, mais do que durante todo o restante dele. Se você estruturar seu lançamento corretamente, a corrida de última hora será tão previsível quanto a corrida às floriculturas no Dia dos Namorados.

É quase como uma partida de algum esporte. Se você tiver acrescentado escassez ao seu lançamento, pode se preparar para estourar uma enorme tigela de pipoca, relaxar e ficar observando todos os pedidos de compra entrando na última noite do lançamento.

Leia esses três últimos parágrafos mais uma vez — porque o poder da escassez transformará seus resultados. Se você não implementar mais nada do que está neste livro, a não ser essa única tática, e se INSISTIR firmemente na utilização dessa tática em TODOS os lançamentos que fizer, isso vai lhe restituir 10 mil vezes o valor investido neste livro.

9. Comprovação social

A comprovação social é outro estímulo mental supereficiente. Embora seja muito difícil embuti-la em uma campanha de marketing tradicional, é muito fácil adicioná-la ao seu lançamento de produto ao estilo PLF.

A comprovação social é a ideia de que, ao vermos outras pessoas agindo, ficaremos inclinados a agir da mesma forma. Normalmente, nos inspiramos nas pessoas mais próximas quando não sabemos como agir. Somos criaturas sociais, e nunca será demais enfatizar quanto somos influenciados pelas ações das pessoas que estão à nossa volta.

Considere, por exemplo, a seguinte situação: são 19 horas, e você chega de carro a uma cidade desconhecida. Você está com fome e está procurando um restaurante. Vamos supor que a bateria do seu smartphone tenha acabado e que você não dispõe de nenhuma outra forma de procurar avaliações de restaurantes, de modo que depende apenas de si mesmo para escolher um lugar. Você avista dois estabelecimentos. O do lado direito da estrada não tem nenhum carro no estacionamento, enquanto o do lado esquerdo da estrada tem seis carros. Qual deles você vai escolher? A maioria das pessoas escolheria o restaurante com os seis carros estacionados, imaginando que todas aquelas pessoas devem saber alguma coisa, não é? Essa é a comprovação social em ação.

E pense novamente no seu smartphone. Se a bateria não tivesse acabado e você tivesse conseguido verificar avaliações de restaurantes, então estaria, simplesmente, se valendo de outra forma de comprovação social. Basearia suas ações no que as outras pessoas estão dizendo ou fazendo.

Mais um exemplo. Vamos dizer que você queira fazer o download de um software ou de um aplicativo. Você vai até a página download.com, ou até uma loja de aplicativos, e faz uma busca. Aparecem trinta pacotes de software. Um deles foi baixado 3,5 milhões de vezes, outro foi baixado 17 mil vezes e o restante foi baixado apenas algumas centenas de vezes, ou menos. Qual deles você tentará primeiro? A maioria das pessoas vai começar por aquele que foi baixado 3,5 milhões de vezes. Aquelas outras pessoas devem saber algo, não é? Novamente, é a comprovação social em ação.

Assim, eis aqui como a comprovação social se aplica ao seu lançamento. Devido à natureza interativa dele, você pode criar os mais variados tipos de comprovação social. Quando alguém entra pela primeira vez no seu site e lê os comentários de outras pessoas sobre seu Conteúdo de Pré-Lançamento — dizendo quanto estão empolgadas em relação a ele e que mal podem esperar para comprar seu produto —, é a comprovação social em ação, algo incrivelmente poderoso.

DISTRIBUINDO EM CAMADAS E SEQUENCIANDO: OTIMIZANDO OS ESTÍMULOS MENTAIS

Este capítulo apresentou rapidamente o mundo dos estímulos mentais — o que influencia nossas ações em um nível bastante fundamental, o dia inteiro, todos os dias. Esses estímulos moldam nossas decisões e ações todos os dias. E, mais especificamente em relação ao tema deste livro, moldam as decisões e as ações de seus potenciais clientes todos os dias.

Fiz uma pequena introdução aqui. Na verdade, devido às considerações de espaço, abordei somente alguns dos principais estímulos mentais. Os nove estímulos mencionados neste capítulo representam cerca da metade dos estímulos que identifiquei e que utilizo nos lançamentos ao estilo PLF. Se você quiser se aprofundar nos estímulos mentais, há um vídeo neste link: http://thelaunchbook.com/triggers.

Uma das coisas importantes a serem lembradas com relação a esses estímulos é que eles não são isolados. Muitos estão intimamente relacionados e funcionam em sinergia. Quando utilizados em conjunto, o impacto é potencializado.

A confiança e a autoridade, por exemplo, estão intimamente ligadas. É mais fácil estabelecer autoridade quando você inspira confiança. E a confiança é algo que brota naturalmente se você já estiver em uma posição de autoridade. Na verdade, existe até mesmo uma expressão bastante usada, que combina esses dois elementos: "autoridade confiável".

Outro exemplo é a escassez e a comprovação social. Se algo está escasso, geralmente é porque a demanda excede a oferta, o que significa que há uma grande demanda. E, se a demanda é grande, é porque existe comprovação social. Portanto, é quase como se a comprovação social e a escassez fossem dois lados da mesma moeda.

Outro ponto importante acerca dos estímulos mentais é que eles são mais potentes quando se cria uma sequência e eles são distribuídos em camadas, uns sobre os outros.

É aí que a Product Launch Formula™ ganha uma força incomparável. A própria natureza do formato de nossos lançamentos nos oferece tempo e espaço para usar vários estímulos e fazê-los agir em conjunto.

Voltarei a esse tópico com mais detalhes quando chegarmos à Sequência de Pré-Lançamento e à Sequência de Lançamento, incluindo os estímulos que você deveria ativar nas devidas etapas de suas sequências, mas aqui está um rápido exemplo.

De modo geral, no início do pré-lançamento, você começa oferecendo um conteúdo consistente, que define a promessa e a oportunidade globais do lançamento. Quando você compartilha um conteúdo forte e atraente no início de seu pré-lançamento, demonstra autoridade de forma instantânea. Essa autoridade surge de forma natural, assim que o conteúdo é publicado; ela é praticamente automática. Com isso, você também estimulará a reciprocidade, pois estará oferecendo um excelente conteúdo gratuito. Você criou a necessidade de retribuição, o que, com frequência, se traduzirá em uma venda. Você também terá a expectativa a seu favor, à medida que foi mencionando as outras coisas que estão previstas em seu pré-lançamento.

Em seguida, o pré-lançamento estimulará a comprovação social, já que as pessoas começarão a fazer comentários sobre seu Conteúdo de Pré-Lançamento. Tais comentários podem ser feitos no seu blog ou em mídias sociais — seja qual for a maneira, você começará a desenvolver uma forte comprovação social. E, possivelmente, sua interação ao longo do pré-lançamento começará a despertar empatia em seus potenciais clientes (e talvez até um pouco de confiança).

Então, quando o pré-lançamento estiver chegando ao fim e a data de abertura do carrinho de compras estiver se aproximando, você aciona os estímulos do evento e do ritual, conforme as pessoas forem alimentando expectativas em relação ao seu produto. Esse é o momento ideal para ativar o estímulo da escassez, falando sobre sua oferta e mencionando a natureza limitada dela.

Esse foi um rápido exemplo do sequenciamento e da distribuição dos estímulos mentais em camadas, mas espero ter deixado claro quanto eles são poderosos. Um lançamento ao estilo PLF lhe dará a oportunidade de conjugá-los, a fim de criar um efeito exponencialmente poderoso. Esse é o verdadeiro segredo mágico, pois nem todos respondem igualmente aos mesmos estímulos. Para algumas pessoas, por exemplo, a comprovação social pode exercer forte influência, enquanto outras consideram a confiança e a autoridade estímulos mais importantes na hora de tomar uma decisão. Porém, quando você distribui os estímulos uns sobre os outros, criando camadas ao longo de suas sequências, monta uma promoção irresistível. Esse é o poder da Product Launch Formula™, e é por esse motivo que ela tem sido tão decisiva.

Já abordamos bastante coisa. Acabamos de concluir os estímulos mentais e oferecemos sólidas informações a respeito das partes mais importantes do quebra-cabeça da PLF. Agora, é a hora de pisar no acelerador e chegar aos princípios básicos e essenciais de como organizar um lançamento desse tipo.

Vamos começar com a parte do lançamento que passa praticamente despercebida. Esse componente, no qual ninguém repara, o colocará diante de um sucesso estrondoso. É a hora do pré-pré-lançamento...

6. Um tiro de aviso: seu pré-pré-lançamento

Conforme você for avançando neste livro, ficará óbvio que um lançamento desse tipo exige muito trabalho e planejamento. Eu sei, eu sei... eu gostaria que não fosse assim. Mas, se a sua intenção é enriquecer, sempre haverá muito trabalho envolvido. Suponho que, se você ainda não desistiu da leitura, é porque não tem medo de um pouco de trabalho.

Em geral, começamos com a Sequência de Pré-Pré-Lançamento. Esse é o momento mágico, em que seus potenciais clientes pressentem que algo bom vem por aí.

Ao longo dos anos, inúmeras pessoas tentaram fazer a engenharia reversa do processo da Product Launch Formula™... em outras palavras, analisaram alguns lançamentos e tentaram descobrir como tudo é elaborado. O único problema em fazer a engenharia reversa de algo é que, geralmente, há partes "encobertas". Menospreze os ingredientes fundamentais e isso comprometerá tudo, causando uma grande confusão. E uma das áreas que passam quase sempre despercebidas é a "pré-pré" — porque é a mais oculta. O lado positivo é que ela é uma das partes mais simples e mais fáceis da fórmula.

A ideia básica do pré-pré-lançamento é começar a despertar sua tribo — ou começar a construir uma tribo, caso você ainda não tenha. Com isso, também estará fazendo um importante trabalho de base. Você testará o nível de interesse do mercado pelo conceito de seu produto, tentará descobrir as potenciais objeções, de modo que possa responder a elas durante o seu pré-lançamento e, finalmente, reunirá informações que o ajudarão a apurar a oferta de seu produto. Como se não bastasse, você fará tudo isso enquanto prepara o terreno para sua Sequência de Pré-Lançamento.

Gosto de chamar o pré-pré-lançamento de "tiro de aviso", uma expressão naval para um tiro de advertência disparado em direção a outro navio. A ideia toda é chamar a atenção do outro navio sem ter de recorrer ao ataque aberto. Sua Sequência de Pré-Pré-Lançamento tem tudo a ver com chamar a atenção de seu mercado sem, na verdade, tentar vender absolutamente nada.

Parece um trabalho e tanto, não é? Bem, há muito a fazer nessa fase do lançamento, e você se surpreenderá ao se dar conta de quanto é simples e fácil realizar o pré-pré-lançamento.

Minha ferramenta predileta no pré-pré-lançamento tem sido, historicamente, um ou dois e-mails breves, embora muitos lançamentos venham recorrendo, nos últimos tempos, às mídias sociais, transformando-as em uma parte significativa da fase pré-pré. Houve algumas vezes em que utilizei vídeos; em outras, adicionei uma pesquisa ao composto.

AS DEZ PERGUNTAS DO PRÉ-PRÉ-LANÇAMENTO

Quando estou preparando um lançamento, fico estudando o pré-pré-lançamento, e estas são as dez perguntas mais importantes que rondam minha cabeça:

1. **"Como fazer com que as pessoas saibam que algo será lançado, sem que pareça que eu esteja querendo vendê-lo?"**

Tão logo as pessoas imaginem que você está querendo vender algo, suas defesas serão acionadas. É igual à *Jornada nas Estrelas* — sempre que uma ameaça era detectada, eles gritavam "Levantar escudos!". Quando seus potenciais clientes percebem um discurso de venda se aproximando, instantaneamente começam a acreditar menos em você e a desconfiar mais. Portanto, a ideia aqui é dar início a um diálogo sobre o seu produto, SEM vendê-lo abertamente.

2. "Como conseguirei despertar a curiosidade das pessoas?"

A curiosidade, quando intimamente conectada à expectativa, é mais um poderoso estímulo mental. É uma isca que atrai as pessoas e não as deixa mais escapar. Se conseguir despertar a curiosidade de seus potenciais clientes desde o início, você os manterá interessados por todo o lançamento.

3. "Como solicitar ajuda para criar esse produto? Como tornar esse processo colaborativo?"

Isso é muito importante, e é algo que a maioria das pessoas esquece. As pessoas defenderão aquilo que elas ajudam a criar. Portanto, se você conseguir fazer com que as pessoas se envolvam, e se conseguir criar a sensação de que elas são parte do processo — possivelmente, que são quase coautoras —, estará transformando seus potenciais clientes em animadores de torcida.

4. "Como descobrir quais são suas objeções a esse produto?"

Você não poderá vender nada até superar as objeções à venda. E não poderá superar essas objeções até descobrir quais são elas. Embora você PENSE saber quais são essas objeções, você não as SABERÁ realmente até começar a conversar com seus potenciais clientes. Infelizmente, a maioria das pessoas lança seus produtos sem ter nenhuma noção real sobre isso. Com o pré-pré-lançamento, você as identificará desde o começo — quando ainda terá tempo suficiente de fazer algo, respondendo a tais objeções e superando-as.

5. **"Como começar a conversar com os potenciais clientes a respeito da minha oferta? Como conseguirei ser envolvente e evitar a 'linguagem corporativa', que aniquilaria meu lançamento antes da hora?"**

Isso está intimamente relacionado à primeira pergunta, ou seja, fazer com que seus potenciais clientes saibam que algo será lançado, sem parecer um "vendedor inconveniente". O que acrescentamos aqui é a parte do "envolvimento" — iniciar o diálogo e estabelecer um tom de conversa. Em outras palavras, é quando você prepara o terreno para todo o "Diálogo de Lançamento", em que se cria um diálogo de marketing, em vez de um monólogo.

6. **"Como fazer com que isso seja divertido, bem-humorado e, até mesmo, empolgante?"**

Não se engane. Embora eu esteja lhe ensinando um poderoso conjunto de ferramentas, o trabalho para manter as pessoas interessadas em um mercado saturado sempre será desafiador. Cada segundo de conversa deve ser entendido como uma "bomba-relógio" ligada. Você só dispõe de alguns segundos para mantê-las envolvidas. Não estou tentando intimidá-lo ou ser excessivamente dramático, mas a realidade é que há milhares de outras coisas disputando a atenção das pessoas para quem você está vendendo. Pense no humor ou na surpresa como uma retomada imediata da atenção. Cada vez que você provoca um riso ou um sorriso em seus potenciais clientes, aquela "bomba-relógio" ligada volta à estaca zero, e você conquista alguns preciosos segundos a mais.

7. "Como me destacar em um mercado saturado? Como me diferenciar?"

Isso está relacionado à pergunta número 6. Destacar-se tem a ver com conseguir despertar o interesse de seus potenciais clientes e mantê-los interessados. Nunca vou desejar que meu marketing se pareça com o de outras pessoas. Quero que ele seja diferente, único, memorável. Há um velho princípio que sempre mantenho em mente: na realidade, a maioria das pessoas (e dos negócios) não está obtendo tanto sucesso assim. Na melhor das hipóteses, elas estão conseguindo resultados "medianos". Não estou interessado em resultados medianos, e você também não deveria estar. Portanto, não faça o que o negócio mediano está fazendo; observe o que ele está fazendo e faça o contrário.

Não é tão difícil se destacar diante de seu mercado e de seus potenciais clientes. Apenas aja de forma um pouco diferente de seus concorrentes.

8. "Como descobrir de que forma meu mercado quer que os produtos sejam vendidos?"

Essa pergunta pode parecer um tanto estranha, porque você pode achar que os indivíduos que fazem parte de seu mercado não estão por aí "querendo" que os produtos sejam vendidos. E você está certo: eles não estão. Mas eles estão com problemas. E têm esperanças, sonhos, desejos e medos. Ficam deitados na cama, sem conseguir dormir, porque estão pensando naquelas esperanças, sonhos, desejos e medos. Eles querem soluções. E, se você tiver uma solução, certamente vão querer comprá-la.

9. "Como descobrir qual é minha oferta exata?"

Bem que eu gostaria de fazer com que a Product Launch Formula™ fosse uma grande mágica de marketing, mas a verdade é que você precisa criar uma excelente oferta. De fato, a expressão que uso para isso, na PLF, é "oferta arrasadora". Não é exatamente um termo técnico, mas você sabe do que estou falando. Para que seu lançamento seja bem-sucedido, você precisa ter uma oferta arrasadora.

Se você tiver uma, já terá avançado bastante em direção a um lançamento bem-sucedido.

E o seu pré-pré-lançamento é a chave para criar uma oferta arrasadora. Porque, se você perguntar da maneira correta, seus potenciais clientes lhe dirão como criá-la.

10. **"Como isso poderá conduzir, naturalmente, à minha Sequência de Pré-Lançamento?"**

Considerando-se que seu lançamento (e a PLF) tem tudo a ver com sequências e com a criação de um escalonamento que conduzirá diretamente ao dia de seu lançamento, é bastante natural que seu pré-pré-lançamento esteja perfeitamente integrado à sua Sequência de Pré-Lançamento.

MINHA ESTRATÉGIA PREDILETA DE PRÉ-PRÉ-LANÇAMENTO

Assim, com essas perguntas rondando minha cabeça, busquei uma estratégia ideal para encontrar as respostas corretas, enviando apenas um ou dois e-mails.

Felizmente, tive a ideia de usar uma antiga estratégia alternativa, cuja eficácia já foi comprovada em 95% das vezes, e que, quase certamente, funcionará no seu caso. Há muitas variações sobre esse tema, mas até mesmo a versão mais básica é bastante eficaz.

Vamos dar logo um exemplo. Trata-se de um pré-pré-lançamento que criei em 2005 para um produto que eu estava lançando sobre negociações na bolsa de valores. Antes de você começar a achar que se trata de uma história antiga e que não funciona mais, devo dizer que meus alunos do Programa de Treinamento na PLF ainda obtêm muito sucesso usando essa mesmíssima sequência.

Mais uma coisa: o exemplo é sobre a bolsa de valores, mas entenda que essa estratégia tem sido aplicada com sucesso em todos os tipos de mercado. Na verdade, meus alunos já a utilizaram em mercados variados, desde "como aprender a tocar guitarra" a "como conseguir mais clientes para sua clínica de massagem", passando por "como cuidar do seu cão de estimação".

"UM RÁPIDO AVISO E UM FAVOR"

Isso é tão simples e tão primoroso que o leitor mais desatento poderá deixar de perceber sua magia e seu poder, mas estou confiante de que você não cometerá esse erro.

Dei início a essa fase pré-pré com um e-mail breve, enviado para minha lista. Nos últimos anos, tenho feito algo muito semelhante na minha página do Facebook. O conteúdo do e-mail era o seguinte:

> ASSUNTO: Um rápido aviso e um favor...
>
> Sou Jeff Walker. Vamos enviar a Atualização das Negociações dentro de alguns instantes. Mas, antes, preciso lhe pedir um favor...
>
> Já estamos quase concluindo nosso tão aguardado manual de negociação. Vamos lançá-lo no início de janeiro. Porém, antes disso, preciso lhe fazer algumas perguntas. Será que você poderia nos ajudar?
>
> Você pode responder às perguntas (e obter mais alguns detalhes a respeito do Manual de Negociação) neste link:
>
> http://www.example.com/
>
> Obrigado. Um grande abraço,
>
> > Jeff

Evidentemente, mandei um link verdadeiro e ativo para realizar a pesquisa... mas foi apenas isso. O começo do pré-pré-lançamento era um e-mail breve e direto, sem nada de novo, com apenas oitenta palavras. Esse e-mail, por si só, já foi responsável por muita coisa. Mas, antes de avançarmos, vamos dar uma olhada na página para a qual meus leitores eram encaminhados, caso clicassem no link que estava no e-mail. Eles iam parar em uma página simplificada, que dizia:

> Olá,
>
> Estamos MUITO perto de concluir nosso tão aguardado Manual de Negociação.
>
> Estamos trabalhando nisso há mais de quatro anos e iremos, enfim, finalizá-lo. Vamos lançá-lo no início de janeiro.
>
> Este curso será inteiramente focado em "Suporte e Resistência". Ele incluirá dois manuais impressos, oito CDs de áudio e um vídeo tutorial em DVD. Será como fazer uma investigação completa de tudo aquilo que sabemos a respeito de "SUPORTE e RESISTÊNCIA".
>
> Vamos abordar todos os meios que utilizamos para gerar nossas zonas de suporte e resistência, e vamos lhe mostrar exatamente como negociar nessas zonas.
>
> NO ENTANTO, precisamos de sua ajuda. Antes de finalizar tudo e enviar o material para a gráfica, precisamos nos certificar de que contemplamos todos os pontos.

> É aí que você entra. Por favor, dedique alguns minutos para responder a essa pequena pesquisa — há apenas uma única coisa que queremos saber...
>
> Quais são suas duas perguntas mais importantes sobre Suporte e Resistência a que temos NECESSIDADE absoluta de responder em nosso curso de negociação?

E assim foi... um e-mail bastante curto, que encaminhava as pessoas a uma pesquisa bastante curta.

Porém, se voltarmos às dez perguntas do pré-pré-lançamento enumeradas anteriormente, você poderá vê-las respondidas aqui:

1. **"Como fazer com que as pessoas saibam que algo será lançado, sem que pareça que eu esteja querendo vendê-lo?"**

Definitivamente, eu fiz com que as pessoas soubessem que algo seria lançado, mas fiz isso sem nenhum indício de discurso de venda. Eu simplesmente solicitei sua ajuda. Queria seu retorno em relação àquele projeto.

E o e-mail era, verdadeiramente, sobre isso. Mas ele também se encarregou de muitas outras coisas...

2. "Como conseguirei despertar a curiosidade das pessoas?"

Fiz isso de algumas formas — primeiro, apenas informando que algo seria lançado, embora as pessoas ainda não pudessem adquiri-lo. Depois, no e-mail, disse que elas poderiam "obter mais alguns detalhes" clicando no link.

E, aí, havia a frase crucial: "Já estamos quase concluindo nosso tão aguardado Manual de Negociação", que se repetia tanto no e-mail quanto na pesquisa. Ao afirmar que o manual era "aguardado", isso, por si só, já estabelecia a expectativa, mostrando que as pessoas estavam curiosas, esperando com ansiedade pelo produto. Isso é importante, pois o "alvoroço", a curiosidade e a expectativa se alimentam mutuamente. Portanto, ao começar a construir essa percepção desde o início, eu já estava preparando o terreno para um lançamento com alta expectativa.

Mas o produto era realmente aguardado? Eu não sei. Mas sei que eu vinha dando inúmeras dicas sobre ele havia muito tempo e tinha elaborado uma lista de pessoas que me haviam pedido para criar aquele produto. Sabia que vinha trabalhando naquele projeto havia muito tempo e que estava pronto para lançá-lo. Para mim, isso bastava para chamá-lo de aguardado.

3. "Como solicitar ajuda para criar esse produto? Como tornar esse processo colaborativo?"

Essa resposta é óbvia. Quando meus leitores clicavam para acessar a pesquisa, eu lhes perguntava quais eram suas duas questões mais importantes a respeito daquele assunto. Eu estava incluindo meus potenciais clientes na criação do produto, solicitando sua contribuição. Este é o trecho fundamental:

"NO ENTANTO, precisamos da sua ajuda. Antes de finalizar tudo e enviar o material para a gráfica, precisamos nos certificar de que contemplamos todos os pontos."

Lembre-se: as pessoas defenderão as coisas que elas ajudam a criar. Eu estava dando aos meus leitores a chance de ajudar a criar o produto.

Aqui, entra em cena outro sutil componente da psicologia humana. Lembra-se de quando abordamos o estímulo mental da reciprocidade, no capítulo anterior? Bem, isso pode parecer um contrassenso, mas o que estamos despertando aqui é, na verdade, o estímulo da reciprocidade. Talvez você possa pensar: "Como é que a reciprocidade pode estar em ação, se você está lhes pedindo um favor?"

Então, acompanhe meu raciocínio. Em primeiro lugar, não se esqueça de que as pessoas que estavam lendo aquele e-mail faziam parte da minha lista de cadastrados — muitas delas, havia muito tempo. E, pelo simples fato de eu lhes enviar conteúdos todos os dias, elas me viam como um especialista ou até mesmo como um "guru".

Agora, pedindo sua opinião, eu estava lhes oferecendo minha atenção. E a palavra-chave, aqui, é "oferecer". Ao oferecer minha atenção, estabeleci uma leve reciprocidade nas mentes de muitos dos meus leitores.

Você consegue perceber que, utilizando apenas um breve e-mail e uma curta pesquisa, estamos começando a fazer com que os estímulos que serão acionados oportunamente confluam?

4. "Como descobrir quais são suas objeções a esse produto?"

Essa é fácil. Na pesquisa, eu lhes pedia abertamente que me dissessem quais eram suas objeções. Não, eu não usei a palavra "objeções", porque as pessoas não pensam nesses termos. Mas, ao solicitar suas "duas perguntas mais importantes", elas me disseram quais eram suas objeções.

Ao fazer isso, você sempre encontrará dois, três, talvez até quatro temas que se repetirão nas respostas. Esses temas conterão as principais objeções dos potenciais clientes.

5. "Como começar a conversar com os potenciais clientes a respeito da minha oferta? Como conseguirei ser envolvente e evitar a 'linguagem corporativa', que aniquilaria o meu lançamento antes da hora?"

Em primeiro lugar, preste atenção no e-mail e na pesquisa. Não há nenhuma linguagem corporativa ali. Desde o começo, o assunto é "Um rápido aviso e um favor...".

Quando foi a última vez que uma grande corporação pediu um favor ao enviar um e-mail?

E quanto a começar a conversar: essa minissequência inteira tem tudo a ver com isso. Pedir a contribuição dos potenciais clientes dá início a uma conversa.

6. "Como fazer com que isso seja divertido, bem-humorado e até mesmo empolgante?"

Não tenho certeza se consegui responder a essa pergunta no pré-pré-lançamento, a não ser pelo fato de que estava deixando meus leitores cientes de algo que ainda iria acontecer. Estava lhes mostrando meu mundo criativo. É quase como alguém sussurrando algo em uma sala abarrotada — todo mundo vai querer saber o que foi que aquela pessoa sussurrou. Nesse caso, eu estava sussurrando aos meus leitores antes de anunciar ao grande público.

7. "Como me destacar em um mercado saturado? Como me diferenciar?"

O segredo aqui é que, ao solicitar aos meus leitores sua contribuição antes de o produto ser lançado, permiti que eles fizessem parte do processo. E isso é extremamente importante, pois as pessoas defenderão aquilo que elas ajudam a criar.

Eu lhes ofereci uma pequena participação na criação do produto, e esse é um passo para a construção de um exército de pessoas que defenderão seu lançamento e, possivelmente, comprarão seu produto.

8. **"Como descobrir de que forma meu mercado quer que os produtos sejam vendidos?"**

Isso tem tudo a ver com a pesquisa. Além de descobrir as principais objeções, a pesquisa fornecerá a você todos os tipos de dados e informações adicionais.

Para usar uma pesquisa como essa, é bastante recomendável misturar perguntas de múltipla escolha e dissertativas. Você obterá um nível de resposta maior com as perguntas de múltipla escolha, porque é mais fácil marcar um quadradinho do que digitar uma resposta. No entanto, as perguntas dissertativas lhe darão uma percepção muito mais ampla. E ela dirá a você, de modo geral, como elaborar sua Sequência de Pré-Lançamento e sua Sequência de Lançamento. Com frequência, eu corto e colo, literalmente, palavras e frases inteiras desse tipo de pesquisa e as utilizo no meu Conteúdo de Pré-Lançamento.

Há um velho ditado no mundo do marketing direto: "Sua intenção é fazer parte da conversa que já está acontecendo na mente do seu potencial cliente". As respostas que você obtém em uma pesquisa lhe propiciam o meio mais rápido de entrar naquela conversa. Nunca será demais sublinhar o quanto isso é poderoso.

9. "Como descobrir qual é minha oferta exata?"

Mais uma vez, a resposta a essa pergunta está nas respostas da pesquisa. Na verdade, essa pesquisa é apenas o começo da resposta. Se eu estiver lançando um produto centrado na informação ou no conhecimento, em geral é possível ir ajustando gradativamente a resposta até o meu lançamento, pois, ao longo do pré-pré-lançamento e do pré-lançamento, serão coletadas informações que me ajudarão a aprimorar a oferta.

Mesmo que você esteja vendendo bens materiais, é possível acrescentar à oferta elementos centrados na informação. Nesse lançamento, por exemplo, acabamos acrescentando à oferta alguns telesseminários ao vivo de perguntas e respostas. Uma vez que as aulas foram ministradas após o lançamento, não foi preciso nenhum esforço para acrescentá-las à oferta. E esse mesmo tipo de bônus poderia ser acrescentado a todos os diferentes tipos de ofertas de lançamento.

10. "Como isso poderá conduzir, naturalmente, à minha Sequência de Pré-Lançamento?"

Alguns dias depois de ter mandado aquele primeiro e-mail, escrevi novamente para minha lista. Agradeci a impressionante resposta e mencionei quanto me sentia empolgado pelo fato de o projeto estar quase concluído. Isso deu continuidade ao diálogo sobre aquele produto que estava prestes a ser lançado, sem que eu parecesse um "vendedor inconveniente". Eu não estava esbravejando: "Comprem os meus produtos, comprem os meus produtos!" Ao contrário, estava pedindo à minha lista que se unisse a mim como coautora.

Aquela fase pré-pré também mostrou aos meus potenciais clientes que eu estava preocupado em oferecer o melhor produto possível e que estava muito atento ao que eles queriam. Eu os fiz acreditar que aquele produto era o melhor possível para suas necessidades.

US$110 MIL COM O MEU ROUPÃO DE BANHO

O mais interessante do pré-pré-lançamento é o fato de ele ser uma bela combinação de simplicidade e força. É preciso pensar a respeito e fazer um planejamento detalhado, mas a execução do pré-pré-lançamento em si pode ser incrivelmente simples. Observe o exemplo dado — precisei apenas de um e-mail e de uma pesquisa, bastante curtos. Redigir o e-mail e elaborar aquela pesquisa me custaram cerca de uma hora (consulte a minha Página de Recursos para serviços, que você pode utilizar na criação de suas pesquisas, em http://thelaunchbook.com/resources).

Há muitas formas de se alcançar um objetivo, e eu já usei inúmeras técnicas diferentes nos meus vários pré-pré-lançamentos; mas essa técnica da "pesquisa das duas perguntas mais importantes" é imbatível, e sugiro que você a use em seu primeiro pré-pré-lançamento. É uma excelente maneira de fazer com que o mercado fique sabendo que algo será lançado e, ao mesmo tempo, reunir uma série de informações relevantes sobre seu público-alvo.

Essa pesquisa me proporcionou um retorno excepcional sobre o que o mercado estava querendo, quais eram as principais objeções de meus potenciais clientes e, até mesmo, uma parte da terminologia exata que eu acabaria utilizando ao longo do lançamento, à medida que ia me aproximando desse dia.

Aquele lançamento era a primeira vez que eu vendia um produto físico — uma série que incluía dois livros e alguns CDs —, e eu não contava com o apoio de nenhum badalado editor de conteúdos. Éramos apenas eu e os cadastrados em minha lista de e-mails, além de um site simples e modesto.

Eu estava bastante tenso, aguardando a contagem regressiva até o momento da abertura. Devo confessar que, mais uma vez, meu dedo ficou hesitante sobre o botão do mouse — da mesma forma que ainda hesita em cada um de meus lançamentos. Fiquei me perguntando se estava tudo certo e imaginando o que aquele clique significaria.

Não demorou muito para que eu descobrisse...

Depois de clicar o botão "enviar", foram precisos menos de quatro minutos para que o primeiro pedido aparecesse. O segundo pedido veio cinco segundos depois, e aí houve um disparo. Na primeira hora, os pedidos somavam mais de US$27 mil e, quando encerramos o lançamento, uma semana depois, já havíamos acumulado mais de US$110 mil em vendas.

Fizemos tudo isso sem nenhum sócio, nenhum distribuidor, nenhuma venda externa. Contávamos, apenas, com um site simplificado e uma lista de e-mails. Evidentemente, havia muito mais coisas envolvidas na efetivação daquelas vendas do que o pré-pré-lançamento. Não estávamos restritos àquele breve e-mail de oitenta palavras e àquela singela pesquisa. E é aí que queremos chegar — na essência da Product Launch Formula™. É hora de organizar sua Sequência de Pré-Lançamento...

7. Venda aquilo que eles desejam: a magia do pré-lançamento

É possível aprimorar seu jogo de tênis observando vídeos de treinamento on-line? Você pode substituir (ou complementar) lições de tênis se cadastrando em um site? E, mais especificamente no caso de Will Hamilton, as pessoas pagariam para ter aulas de tênis on-line?

Essa era a premissa de Will Hamilton quando ele e um amigo lançaram o FuzzyYellowBalls.com. Will acabara de sair da universidade, e a perspectiva de se tornar um eterno instrutor de tênis não o deixava animado. Ele montou, então, uma loja no porão da casa de seus pais e lançou um negócio com base na internet. O plano inicial era publicar vídeos no YouTube e ganhar dinheiro com anúncios publicitários. Mas logo ficou claro que a ideia não teria futuro. Em um nicho de mercado como o tênis, nunca haveria um número suficiente de visualizações capaz de levar adiante um negócio sério centrado em anúncios.

Assim, a estratégia seguinte testada por Will foi criar um site de cadastramento com vídeos tutoriais. Ele e seu colega fixaram o preço de US$25 por mês para os associados. Mas o site estava indo mal, e as vendas, muito baixas. Depois de dez meses, Will estava prestes a decretar o fracasso da experiência e a abandonar a ideia como um todo, fechando a loja e seguindo em frente. Parecia que a resposta àquela pergunta ("As pessoas pagariam para ter aulas de tênis on-line?") era "Não" — pelo menos, não no volume necessário para sustentar Will e seu parceiro comercial.

Foi aí que Will descobriu a Product Launch Formula™. E, por se tratar de uma situação excepcional, Will não poupou esforços. Ele preparou seu primeiro lançamento em apenas algumas semanas. Da forma como ele descreve agora, aquele primeiro lançamento apresentava algumas falhas. Will elaborou seu pré-lançamento às pressas e usou apenas a parte mais básica da fórmula.

Porém, como você verá neste capítulo, ainda que siga apenas os princípios essenciais, os resultados podem ser impressionantes. Em uma semana, aquele primeiro lançamento arrecadou US$35 mil em vendas, praticamente o mesmo montante que eles haviam conseguido fazer desde que o negócio começara, dez meses antes. E, já que o produto era entregue eletronicamente, quase todas aquelas vendas foram equivalentes a lucro.

De repente, o FuzzyYellowBalls.com havia conquistado seu espaço no mundo dos negócios. O futuro era evidente — e, definitivamente, envolvia o lançamento de novos produtos. No segundo lançamento, Will pôs mãos à obra, seguiu a fórmula à risca, e os resultados praticamente dobraram, alcançando US$65 mil em vendas. O lançamento seguinte foi ainda melhor — tornando-se o primeiro a ultrapassar a barreira dos seis dígitos. O total das vendas chegou a US$105 mil. Mais uma vez, eram produtos eletrônicos, de modo que a margem de lucro foi bastante alta.

A cada lançamento, Will e seu parceiro foram aumentando sua lista e seu posicionamento no mercado. E suas habilidades na execução dos lançamentos foram melhorando. O lançamento seguinte foi o de um novo produto, o tênis Ninja, cujas vendas chegaram a US$170 mil. Esse último também conseguiu alcançar outro feito notável: atrair a atenção do agente dos tenistas profissionais Bob e Mike Bryan. Irmãos gêmeos, comumente chamados de "Irmãos Bryan" nos círculos de tênis, Bob e Mike são, indiscutivelmente, a mais bem-sucedida dupla masculina na história do tênis. E eles estavam interessados em desenvolver um produto com Will.

O resultado foi o *The Bryan Bros Doubles Playbook*, que Will produziu e comercializou como um curso completo com Bob e Mike. O lançamento superou todos os anteriores de Will, alcançando a fantástica soma de US$450 mil em vendas. E, alguns meses mais tarde, quando os Irmãos Bryan ganharam o torneio de Wimbledon e, em seguida, a medalha de ouro nos Jogos Olímpicos, Will teve a chance de posar para uma fotografia ao lado deles, exibindo suas medalhas.

É claro que conseguir uma foto com duas medalhas de ouro olímpicas é um resultado que, definitivamente, não posso lhe garantir por empregar a Product Launch Formula™.

Mas os resultados de Will mostram o poder de um lançamento bem executado. E um dos pontos mais fortes em seus lançamentos são as Sequências de Pré-Lançamento. É disso que trata este capítulo. Porque, se você conseguir executar corretamente seu pré-lançamento, isso fará com que todo o resto funcione.

(OBSERVAÇÃO: Você pode acessar meu Estudo de Caso com Will, assim como um trecho do conteúdo do seu vídeo de pré-lançamento, em http://thelaunchbook.com/will).

LEVAR UM REVÓLVER PARA UMA LUTA DE FACAS

Agora estamos mesmo começando a nos preparar. A esta altura, você já está informado sobre os incríveis poderes da História, do Diálogo e das Sequências. E já foi solidamente apresentado à incomparável influência dos estímulos mentais. Você também passou a conhecer a Sideways Sales Letter™. E, ao longo do percurso, já lhe apresentei algumas pessoas comuns que tiveram enorme sucesso usando essas ferramentas em todos os tipos de mercados diferentes, com os mais variados tipos de produtos.

Agora é a hora de entrar nos mínimos detalhes... a Sequência de Pré-Lançamento. É aqui que tudo começa a se juntar. É nesse momento que você vai eliminar o "Marketing da Esperança" de sua vida e, enfim, começar a planejar de verdade seus resultados, por meio de um lançamento de produto extremamente poderoso. Lembre-se de que seu pré-lançamento (e a Product Launch Formula™, como um todo) não se esgota em si mesmo. É a confluência de todas essas ferramentas que criará uma incrível máquina de conversão para seu negócio. Há um velho ditado que diz algo como "levar um revólver para uma luta de facas". Não sou partidário da utilização de metáforas violentas, mas gosto desta. Ela me faz lembrar daquela cena do filme *Os caçadores da arca perdida*, em que Indiana Jones é subitamente confrontado por um perigoso vilão que o ameaça com uma espada assustadora. O herói observa a impressionante demonstração do espadachim e, então, saca uma pistola e atira no vilão. Evitou o perigo. Fim de jogo. É uma cena memorável.

É isso o que a Product Launch Formula™ possibilita ao seu negócio. Ela muda as regras do jogo e altera, de forma significativa, as probabilidades a seu favor. E eu não ficarei satisfeito em levar apenas uma pistola para a tal luta de facas. Quer dizer, se é para participar de uma luta, então é melhor arregaçar as mangas e levar logo uma metralhadora e um lança-foguetes!

É óbvio que não estamos falando de uma luta, e o marketing não é uma guerra. Estamos nos referindo à criação de uma excelente oferta para um excelente produto, que irá gerar um enorme valor para seus clientes. Mas você não conseguirá gerar esse valor se, antes de mais nada, não for capaz de efetivar uma venda.

O ponto principal é que esse processo de lançamento é uma fórmula coordenada e estruturada que transformará seu processo de vendas. Os resultados incomuns que estamos obtendo não podem ser atribuídos a algo único e específico. Eles são fruto da confluência de todas as ferramentas, táticas e estímulos. Tudo começou com o pré-pré-lançamento, e agora você exercerá uma pressão ainda maior com a Sequência de Pré-Lançamento.

COMPREM MEUS PRODUTOS, COMPREM MEUS PRODUTOS, COMPREM MEUS PRODUTOS!

Assim, um dos pilares da Product Launch Formula™ é oferecer valor e estabelecer uma relação com seu potencial cliente, antes mesmo de sugerir a venda. Parece muito simples, mas o baixíssimo número de pessoas que efetivamente age dessa forma em seus negócios é surpreendente. Ao contrário, o que acontece é que as pessoas se comportam como se estivessem em uma esquina, gritando: "Comprem meus produtos, comprem meus produtos, COMPREM MEUS PRODUTOS!"

O problema é que, independentemente do negócio ou do mercado no qual você se encontra, haverá dezenas, centenas ou milhares de outras pessoas gritando tão alto quanto você. Todas elas estarão gritando para chamar a atenção do mesmo cliente em potencial. É difícil destacar-se com essa estratégia, e a tendência é que tudo fique cada vez mais difícil. A avalanche da mídia se torna mais volumosa e barulhenta a cada dia. Sempre haverá pessoas que conseguirão gritar mais alto, ou gritar por mais tempo, ou vender a um preço menor. Não é sua intenção participar dessa batalha. Isso o deixará esgotado, e, no fim, será uma batalha perdida para quase todos. Pior ainda: ao lançar um novo produto ou um novo negócio, você enfrentará, automaticamente, negócios já estabelecidos, com uma infinidade de recursos. É necessário engajar-se em uma batalha diferente, uma batalha na qual você possa criar um conjunto de regras que funcionem a seu favor.

Mas como fazer isso? É simples. Em vez de *gritar* para chamar a atenção, você *atrai* a atenção oferecendo valor, antes de haver qualquer indício de sugestão de venda. Meu amigo Joe Polish costuma dizer o seguinte: "A vida dá aos que dão e toma dos que tomam." Acho que isso sempre foi uma verdade, mas nunca foi mais verdadeiro do que no atual contexto dos negócios. E a boa notícia é que a internet virou pelo avesso a economia da oferta.

Oferecer é muito mais fácil e infinitamente mais barato do que no passado, porque você oferecerá "conteúdo", e isso será feito on-line. Esse conteúdo poderá ser um material por escrito, um vídeo, um áudio ou quaisquer outras mídias, mas o fundamental é que essa distribuição não lhe custará quase nada.

Logicamente, oferecer produtos de forma aleatória às pessoas não terá utilidade alguma. Se você estiver tentando vender serviços de treinamento para altos executivos corporativos, saiba que enviar-lhes um livro com receitas de pratos vegetarianos não renderá muitos negócios. Você precisa estruturar seu conteúdo em uma sequência que desemboque naturalmente em sua venda. E essa é a própria essência da Product Launch Formula™.

SUA SEQUÊNCIA DE PRÉ-LANÇAMENTO

De modo geral, a Sequência de Pré-Lançamento terá um Conteúdo de Pré-Lançamento (que eu abreviarei para PLC, na sigla em inglês) dividido em três partes. Pense nela como uma peça em três atos, com começo, meio e fim. Cada parte do Conteúdo de Pré-Lançamento tem uma função específica. Cada uma delas precisa ser autônoma, mas todas se unem em um único e grande enredo. Você deve evitar a apresentação de três partes cujos conteúdos não estejam relacionados, porque, dessa forma, não obterá os resultados pretendidos.

A estrutura geral do enredo é começar informando as pessoas sobre a oportunidade da mudança ou da transformação. Em seguida, deve transmitir alguns sólidos ensinamentos e mostrar aquela transformação ou mudança. Finalmente, você oferece a "experiência da propriedade". É quando começa a dar uma guinada, falando sobre seu produto e sobre o impacto que ele causará em seu potencial cliente.

Ao longo de toda essa sequência, você está distribuindo em camadas todos aqueles estímulos mentais que abordamos no capítulo 5. Pelo fato de estar oferecendo um conteúdo excelente e gratuito, despertará, naturalmente, o estímulo da **Reciprocidade**. E, ao mostrar seu conhecimento do assunto e sua habilidade para oferecer um excelente conteúdo gratuito, alcançará o estímulo da **Autoridade**. À medida que o lançamento for avançando, você começará, espontaneamente, a inspirar **Confiança**. Ao reunir comentários e estabelecer uma conversa sobre o Conteúdo de Pré-Lançamento, você começará a formar uma **Comunidade**. E, considerando-se que você está conduzindo seus potenciais clientes ao longo de toda essa sequência, ela se tornará uma experiência compartilhada, que despertará o estímulo dos **Eventos e Rituais**. Depois, com a aproximação da data de seu lançamento, a **Expectativa** começará a aparecer. Na verdade, você descobrirá que sua Sequência de Pré-Lançamento passará de forma natural de um estímulo a outro, pois o processo foi concebido exatamente com essa finalidade. Se você fizer isso do modo correto, terminará em uma posição muito influente, sem ter de recorrer a uma série de táticas de vendas que parecem pertencer às feiras de carros usados. Ao contrário, você estará exercendo essa influência exatamente da mesma forma que os seres humanos sempre fizeram. Apenas estará fazendo isso de uma forma hiperacelerada.

Mas é importante perceber que a mágica está no processo. O sucesso não depende do fato de você ser um redator talentoso, nem um vendedor tarimbado. Evidentemente, não haverá nenhum mal se você puder utilizar qualquer um desses dons, mas, no fim das contas, a Product Launch Formula™ funciona como uma espécie de equalizador no mundo do marketing. É o procedimento que permite que pessoas sem nenhuma experiência no comércio consigam organizar um processo de vendas extremamente eficaz. E, se o procedimento for executado da maneira correta, você terá adquirido, ao fim do seu pré-lançamento, uma lista de potenciais clientes que mal poderão esperar para comprar o que você tem a oferecer.

Um rápido comentário a respeito dos formatos: você descobrirá que esse é um processo bastante flexível. Seu PLC pode ser entregue por e-mail ou por meio de postagens em blogs, além de boletins em PDF ou áudio. Porém, nos últimos anos, a maioria dos Proprietários da PLF vem utilizando vídeos, que apresentam uma série de vantagens. Claramente, tornamo-nos uma sociedade em que quase todas as pessoas passam mais tempo assistindo a vídeos do que lendo. E, de modo geral, é mais fácil conceber um vídeo envolvente do que se dedicar a escrever um boletim substancial em PDF. Além disso, a menos que você seja um redator realmente talentoso, é muito mais fácil fazer com que seus potenciais clientes o conheçam e acreditem ter algum nível de relacionamento com você se esse contato for realizado por meio de um vídeo. Por fim, o valor atribuído a um conteúdo em vídeo é, com frequência, maior do que o valor atribuído a outros tipos de conteúdo.

Sem querer me tornar muito técnico, devo mencionar que existem dois tipos principais de vídeo: o de captura de tela e o de imagens em movimento. A captura de tela é a gravação em vídeo de uma tela de computador, com uma voz que vai narrando o que está sendo visto. Você pode gravar uma apresentação ao estilo PowerPoint, ou uma demonstração de um site ou de algum software. O vídeo com imagens em movimento é igual aos vídeos que você vê na televisão; é gravado com uma câmera. Nenhum desses dois tipos de vídeo é melhor ou pior do que o outro; cada um deles tem seus aspectos positivos e negativos. Algumas pessoas, por exemplo, preferem o vídeo de captura de tela, pois não se sentem confortáveis em aparecer diante de uma câmera. Outras preferem o vídeo com imagens em movimento, porque, de maneira geral, exige menos trabalho para ser preparado — se você dominar o assunto e já tiver um esboço do que vai fazer, pode somente ligar a câmera e começar a gravar.

Pelo fato de o vídeo ter-se tornado o formato predominante no Conteúdo de Pré-Lançamento, considerarei, no restante deste capítulo, que você utilizará o vídeo em seu caso. Lembre-se, no entanto, de que você não precisa fazer um vídeo. Já realizei uma série de excelentes lançamentos sem precisar recorrer a nada mais sofisticado do que um e-mail.

Vamos dar uma olhada em cada uma das etapas de sua Sequência de Pré-Lançamento...

PLC Nº 1: A OPORTUNIDADE (OU A JORNADA)

A primeira parte da Sequência de Pré-Lançamento (PLC nº 1) é decisiva. Ela tem de atrair a atenção de seus potenciais clientes e envolvê-los, e precisa ser convincente. Ela deve responder a uma pergunta importantíssima: "Por quê?"

Por que seus potenciais clientes deveriam importar-se com isso? Por que deveriam perder seu precioso tempo prestando atenção em você? Por que deveriam escutá-lo? O que você pode fazer por eles?

Darei uma rápida resposta. No cerne de cada produto, de cada oferta, existe uma oportunidade de transformação ou de mudança. Se você estiver vendendo um treinamento que ajudará os praticantes de golfe a reduzir cinco tacadas em seu jogo, estará oferecendo uma transformação. Se estiver vendendo um produto que ajudará as pessoas a encontrar o amor de suas vidas, você estará oferecendo uma transformação. Se estiver vendendo um dispositivo que ajudará as pessoas a abrir as correspondências que chegam aos seus escritórios com uma eficácia 380% superior, estará oferecendo uma transformação.

Algumas pessoas apenas não gostam da palavra "transformação", ou não conseguem enxergá-la em suas ofertas. Tudo bem; você pode usar a palavra "mudança" se preferir ou até mesmo "impacto". O fundamental é que precisa focar no benefício final que seu produto oferecerá ao seu potencial cliente. Basicamente, você estará aplacando algum tipo de angústia do seu cliente... ou proporcionando um pouco mais de satisfação.

Isso não se aplica somente aos seus lançamentos — acontece em todas as situações em que você estiver vendendo algum produto. Há um antigo provérbio entre os redatores publicitários de marketing direto: se você for dono de uma loja de ferragens na qual se podem comprar furadeiras, na verdade não estará vendendo furadeiras — estará vendendo "furos na madeira". As pessoas querem comprar um resultado final. Não importa o que você esteja vendendo. As pessoas não estão muito interessadas na ferramenta propriamente dita. Ela é apenas um meio para se chegar àquele resultado. E é isso que você pretende lhes vender.

Vamos colocar a questão de outra forma. Se você deseja viajar para seu balneário favorito, estará interessado em chegar lá de forma rápida, eficaz, segura e confortável — e, no caso de muitas pessoas, da maneira mais barata possível. Você provavelmente não se importará com o meio de transporte que será utilizado. Qualquer coisa que o faça chegar ao seu destino cumprindo esses requisitos lhe parecerá boa. Em igualdade de circunstâncias, pouco importa se vai de avião, se vai embarcar em um trem ou dirigir um carro. O que você está comprando é o destino, não o meio de transporte.

Se você analisar por que as pessoas não estão comprando com você, o primeiro e o mais comum dos motivos é que elas não estão interessadas no que você vendendo. Digamos que você possua a cadeira de rodas mais fantástica do mundo — com o design mais confortável, satisfatório, confiável e flexível que existe. Ela pode, inclusive, ser mais barata do que todas as outras cadeiras de rodas de seu segmento. Porém, se você estiver tentando vendê-la para alguém que não precisa de uma cadeira de rodas, não conseguirá efetivar a venda.

O segundo motivo pelo qual as pessoas não compram é falta de dinheiro. Elas simplesmente não têm e, por isso, não podem comprar. Esse motivo também é um obstáculo para qualquer negócio.

O terceiro motivo pelo qual as pessoas não compram é que elas não acreditam em você. Você afirma que o seu produto é excelente, mas elas não se deixam convencer. Pensam simplesmente que não está lhes dizendo a verdade, ou acham que está equivocado. Em outras palavras, das duas, uma: ou elas não confiam em sua ética ou não confiam em sua competência.

O quarto motivo é que elas acreditam em você, acreditam que tenha razão a respeito do produto e que ele, de fato, funciona. No entanto, não acreditam que o produto irá funcionar no caso delas. Vamos dizer, por exemplo, que você esteja vendendo algum método para as pessoas pararem de fumar, e seu potencial cliente acredita de verdade em você e que o método tenha funcionado com várias pessoas. Mas, lá no fundo, o que ele está pensando é: "Sei que isso funciona com os outros, mas já tentei outras 15 maneiras de parar de fumar e nenhuma delas funcionou comigo."

A Product Launch Formula™ não poderá ajudá-lo em nenhum dos dois primeiros motivos pelos quais as pessoas não compram (elas não estão interessadas no que você está oferecendo, ou, simplesmente, não têm dinheiro suficiente), mas, se você segui-la de forma correta, ela conseguirá dar conta do terceiro e do quarto motivos. As pessoas acreditarão em você. E a primeira parte do Conteúdo de Pré-Lançamento é o primeiro e decisivo passo.

Portanto, eis aqui uma regra geral que funciona muito bem para o PLC nº 1:

1. **Mostre a oportunidade.** Mostre/diga como seu produto mudará a vida das pessoas.
2. **Posicione-se.** Mostre/diga por que elas deveriam prestar atenção em você.
3. **Transmita algum ensinamento.** É importante não se estender demais na oportunidade; você precisa oferecer um valor.
4. **Levante as objeções e dê uma resposta, ou prometa que vai responder nos vídeos seguintes.**

Independentemente de qual seja sua oferta, haverá objeções. Você precisa encará-las.
5. **Antecipe o PLC nº 2.** Faça com que as pessoas saibam que um novo vídeo será divulgado e desperte seu desejo revelando algumas coisas realmente interessantes que serão aprendidas no PLC nº 2.
6. **Convoque à ação.** Solicite um comentário no blog de lançamento ou nas mídias sociais.

PLC Nº 2: A TRANSFORMAÇÃO

Se o PLC nº 1 estava relacionado a "Por quê?", a segunda parte do Conteúdo de Pré-Lançamento tem tudo a ver com o "Quê?" — que transformação ou oportunidade é essa, e como mudará ou transformará a vida de seus potenciais clientes? O PLC nº 2 envolve os ensinamentos; aqui, você está interessado em ensinar algum tipo de dica ou truque verdadeiramente útil.

Que ensinamento você pode transmitir em cinco ou dez minutos, capaz de causar impacto no potencial cliente? Como você pode começar a mudar a vida dele nesse exato instante ou, pelo menos, alterar a forma como ele enxerga a vida? Não precisa ser uma mudança ou um impacto muito grande — faça, apenas, com que seu potencial cliente se sinta mobilizado.

Em um dos lançamentos que realizei com a Product Launch Formula™, meu PLC nº 2, por exemplo, estava intimamente relacionado ao Seed Launch™ (você ficará sabendo o que é o Seed Launch™ no capítulo 9 — é uma forma super-rápida de fazer um lançamento, mesmo que, a princípio, não haja uma lista, nem mesmo um produto).

Ou seja, no PLC nº 2, ensino, na verdade, a realizar um Seed Launch™. Logicamente, considerando-se que esse vídeo de pré-lançamento tenha cerca de 18 minutos de duração, não é possível ensinar com tanta profundidade como no efetivo Programa de Treinamento da Product Launch Formula™, mas me aprofundo o máximo possível nesse intervalo de tempo. Algumas pessoas já conseguiram elaborar um excelente Seed Launch™ tomando por base esse único vídeo.

É óbvio que a maior parte das pessoas que visita minha página não criará um Seed Launch™ imediatamente depois de assistir ao vídeo, mas minha intenção é oferecer-lhes informações suficientes para que elas possam, ao menos, imaginar a si mesmas no exercício daquela tarefa. Este é o segredo: se o PLC nº 2 conseguir fazer com que seus potenciais clientes se imaginem passando pela transformação que você prometeu no PLC nº 1, você terá realizado seu trabalho.

Esta é a regra geral para um consistente PLC nº 2:

1. **Agradeça e recapitule.** Agradeça às pessoas pelos comentários e questionamentos apresentados no PLC nº 1 e, em seguida, recapitule rapidamente o PLC nº 1.

2. **Recapitule a oportunidade.** Você não gastará tanto tempo quanto gastou no PLC nº 1, mas será preciso recapitular rapidamente a oportunidade. Jamais considere que o potencial cliente viu, prestou atenção ou ainda se recorde do PLC nº 1. Lembre-se: seus potenciais clientes são muito ocupados e, para eles, seu lançamento não é tão importante quanto é para você.
3. **Recapitule seu posicionamento.** Você precisa lembrá-los de quem você é e por que deveriam prestar atenção no que está apresentando. Mas não perca muito tempo — faça isso rapidamente.
4. **Apresente um Estudo de Caso ou transmita algum ensinamento real.** Você precisa oferecer um valor real para o visitante de sua página. Ensine alguma coisa interessante (ou mais de uma) que possa ser colocada logo em prática.
5. **Elimine as objeções.** Comente as duas ou três principais objeções e dê uma resposta. Você precisa vencer as maiores objeções dos potenciais clientes para promover a mudança ou a transformação que está sendo prometida.
6. **Antecipe o PLC nº 3.** Você precisa fazer com que as pessoas saibam que haverá um novo vídeo em breve. Alimente alguma expectativa em torno desse vídeo, revelando um pouco do que será ensinado.
7. **Convoque à ação.** Solicite um comentário no blog de lançamento ou nas mídias sociais.

PLC Nº 3: A EXPERIÊNCIA DA PROPRIEDADE

Assim, o PLC nº 1 foi sobre "Por quê?", e o PLC nº 2 abordou o "Quê?". Agora, no PLC nº 3, você começará a responder à pergunta "Como?".

Em outras palavras, você já mostrou a transformação ou a mudança potencial — seja a capacidade de tocar piano, ter um jardim mais bonito ou aprender a meditar. Mas, de forma geral, seus potenciais clientes ainda não conseguem perceber como essa mudança será efetivamente implementada em suas vidas. Bem, a resposta final é comprar seu produto e, ao fim do PLC nº 3, eles começarão a se dar conta disso. Mas, primeiro, você precisa continuar a agregar valor.

Uma das coisas mais importantes que precisam ser feitas durante a Sequência de Pré-Lançamento é estimular o entusiasmo e o suspense. Pense nisso como um filme ou um romance. À medida que a história vai avançando, há uma "ação crescente", para usar um termo das aulas de redação criativa do ensino médio. Isso significa que a história está claramente ganhando impulso e se encaminhando para o clímax. A história de seu lançamento de produto deverá seguir nesse modelo. Conforme você for avançando em cada parte do PLC, sua intenção deve estar focada no aumento contínuo do ritmo e do nível de entusiasmo.

Portanto, eis aqui a regra para o PLC nº 3:

1. **Expresse gratidão e entusiasmo.** Agradeça aos visitantes de sua página pelos comentários e questionamentos apresentados no PLC n° 2. Diga quanto você e todos os visitantes estão entusiasmados (se você tiver realizado um bom trabalho nos PLCs n° 1 e n° 2, os visitantes de sua página ESTARÃO cada vez mais entusiasmados).
2. **Recapitule rapidamente a oportunidade e seu posicionamento.** Não considere que seu potencial cliente ainda se recorde de seus dois primeiros vídeos (ou, nem mesmo, que os tenha visto): descreva, de forma resumida, a oportunidade, lembre quem você é e por que seus potenciais clientes deveriam prestar atenção em você. Não perca muito tempo — faça isso rapidamente.
3. **Apresente, talvez, um breve Estudo de Caso.**
4. **Responda às perguntas mais importantes que você vem recebendo.** Em outras palavras, você responderá às principais objeções. Precisará fazer isso, mesmo que já tenha levantado e respondido a essas objeções nas etapas anteriores de seu PLC. As pessoas levantam as mesmas objeções de modos distintos, fazendo perguntas diferentes. Portanto, vá em frente e responda às perguntas que continuarem aparecendo nos comentários de seu blog.
5. **Explique a situação geral e como chegar lá.** Aqui, você dá um passo atrás e avalia o que é realmente possível fazer. Qual é a transformação ou a mudança final que seus potenciais clientes podem

promover em suas vidas se comprarem seu produto? Analise essa questão sob os mais variados ângulos e faça projeções a respeito do futuro deles.
6. **Dê uma guinada em direção à sua oferta e faça uma aterrissagem suave.** Faça isso no último quarto de seu PLC nº 3. A essa altura, seus potenciais clientes já estarão encantados, porque você já terá oferecido um imenso valor. É o momento de começar a prepará-los para a oferta — essa é a "aterrissagem suave". Nos vídeos anteriores, você se apresentou como um melhor amigo, de modo que não vai querer ser percebido como um vendedor de carros usados no vídeo seguinte. Assim, você precisa lhes dizer que fará uma oferta no vídeo seguinte, e que eles deverão assistir caso estejam preparados para continuar no caminho em direção à transformação.
7. **Anuncie a escassez de sua oferta de lançamento.** Você desejará incutir algum tipo de escassez em sua oferta de lançamento e, antes de concluir o PLC nº 3, deverá fazer alguma menção a ela. Não é preciso insistir muito nisso, uma vez que eles ainda não viram a oferta. Mas esse é um bom momento para mencionar que eles devem ficar atentos quando receberem seu próximo e-mail, pois a oferta será limitada.
8. **Convoque à ação.** Solicite um comentário no blog de lançamento ou nas mídias sociais.

Portanto, essa é sua Sequência de Pré-Lançamento, dividida em três partes. Se você a executar corretamente, construirá uma sólida relação com seus potenciais clientes, demonstrará enorme autoridade e estimulará todos os tipos de reciprocidade. E, é claro, oferecerá um alto valor em cada etapa do processo.

Você também estabelecerá um "diálogo de lançamento", à medida que seus potenciais clientes forem deixando comentários no seu blog. Esse diálogo de lançamento criará uma espécie de comunidade instantânea quando as pessoas começarem a ler os comentários umas das outras (e começarem até a conversar entre si). O diálogo de lançamento lhe propiciará muitas percepções a respeito das principais objeções de seus potenciais clientes e lhe permitirá avaliar se seu Conteúdo de Pré-Lançamento está provocando alguma reação nos potenciais clientes.

CUIDADOS A SEREM TOMADOS COM OS ESTUDOS DE CASO

Há algo que preciso mencionar aqui acerca dos Estudos de Caso e da legislação. Porém, antes de avançar, preciso esclarecer que não sou, com toda a certeza, advogado. Também não faço papel de advogado nos programas de televisão. Logo, o que vou dizer agora é a compreensão de uma pessoa leiga no assunto, e acredito que você realmente deveria buscar a opinião de um especialista. Além disso, enquanto escrevo estas linhas, as mais recentes regras, regulamentações e leis não são de todo evidentes, pois ainda são fruto de interpretação.

Mas o importante é que, alguns anos atrás, a Comissão Federal de Comércio dos Estados Unidos publicou novas diretrizes para o uso de depoimentos testemunhais — em especial, os depoimentos testemunhais que façam quaisquer alegações centradas em resultados.

Antigamente, um vendedor poderia incluir uma isenção de responsabilidade na divulgação dos resultados obtidos com seus produtos ao afirmar que os "resultados foram incomuns". Tal isenção de responsabilidade não é mais suficiente. Não pretendo me aprofundar nessas explicações aqui, porque... Não sou advogado. E esse tema ainda é um tanto obscuro.

Trago isso à tona apenas porque mencionei a utilização de Estudos de Caso em seu PLC. A situação deles no tocante aos depoimentos testemunhais centrados em resultados ainda permanece indefinida. Portanto, se você estiver na dúvida quanto a alguma parte do processo de vendas ou do PLC, e esteja planejando vender algo nos Estados Unidos, deveria consultar um advogado para saber se está em conformidade com as regulamentações e as diretrizes da Comissão Federal de Comércio.

A DURAÇÃO DE SEU PRÉ-LANÇAMENTO

E, agora, uma pergunta importantíssima a respeito de sua Sequência de Pré-Lançamento: quanto tempo ela deve durar? Qual deve ser o intervalo entre cada PLC? A resposta, infelizmente, é que depende.

Pessoalmente, já tive pré-lançamentos que duraram de três a 27 dias. Mas eu não recomendaria nenhum desses dois extremos em seus lançamentos iniciais. Acho que um bom ponto de partida são de sete a dez dias. Esse tempo é medido a partir de momento em que você divulga a primeira parte do seu PLC até efetivamente lançar o produto e começar a receber pedidos de compra, o que chamamos de "Abertura do Carrinho".

Se você estiver vendendo um produto de baixo custo, digamos um e-book a US$27, eu me inclinaria em direção ao prazo mais curto — sete dias, ou até mesmo cinco dias. Se for um produto mais caro, como um curso de formação para se candidatar a um emprego em um cruzeiro, a US$297, eu partiria para o prazo mais longo e escolheria dez dias.

Uma sequência típica de sete dias poderia ter o seguinte aspecto:

Dia 1: Lançamento do PLC nº 1
Dia 3: Lançamento do PLC nº 2
Dia 5: Lançamento do PLC nº 3
Dia 7: Abertura do Carrinho

Uma Sequência de Pré-Lançamento de dez dias poderia ter o seguinte aspecto:

Dia 1: Lançamento do PLC nº 1
Dia 5: Lançamento do PLC nº 2
Dia 8: Lançamento do PLC nº 3
Dia 10: Abertura do Carrinho

O mais importante a ser lembrado é que a duração não é tão importante quanto o Conteúdo de Pré-Lançamento. Ofereça um valor real, siga a fórmula que acabei de lhe ensinar e tudo acabará bem.

UMA COISA FUNDAMENTAL QUE FAZ TUDO FUNCIONAR

A esta altura, você provavelmente está se perguntando como conjugar todos os detalhes e fazer tudo isso funcionar. Mas vamos recuar um pouco e observar a situação geral. Algumas vezes, quando as pessoas analisam esse processo da Product Launch Formula™ pela primeira vez, pensam tratar-se de um apanhado de truques de marketing. Um grande conjunto de táticas psicológicas para enfeitiçar os potenciais clientes. Não vou negar que é bastante possível lançar um poderoso feitiço ao se juntar todos esses elementos, mas não é isso que realmente faz o PLC funcionar. Não é isso que vai fazer seu negócio progredir a longo prazo.

A maneira ideal de elaborar uma excelente Sequência de Pré-Lançamento é oferecer um alto valor ao seu mercado. Se você tivesse de focar em um único produto, deveria ser na geração de valor para todos os potenciais clientes que estão acompanhando sua Sequência de Lançamento.

Isso não significa trabalhar de graça. Não significa que você abastecerá pessoas que estão interessadas apenas em amostras grátis, e que nunca comprarão nada. Nem significa ir à falência depois de usar todos os recursos para oferecer gratuitamente aquilo que você tem.

Isso quer dizer oferecer um conteúdo real, capaz de gerar um valor real para as pessoas. Não se contente em seduzi-las — ofereça algo substancial. Fale sobre a oportunidade no seu primeiro PLC, mas vá além da oportunidade. Transmita um conteúdo real, que possa ser de fato utilizado. Todas as vezes que realizo um lançamento, recebo comentários de pessoas que ficam impressionadas com a quantidade de conteúdo que ofereço. Centenas de pessoas já realizaram lançamentos bem-sucedidos com a Product Launch Formula™, baseando-se apenas no material gratuito disponibilizado durante o meu pré-lançamento. Acho isso incrível... porque eu jamais conseguiria vender para todo mundo e, desse modo, posso continuar gerando tanto valor quanto eu quiser e seguir em frente.

Por fim, seu sucesso e o sucesso de seu negócio estarão intimamente ligados à quantidade de valor que você puder oferecer ao mundo. Elaborar uma Sequência de Pré-Lançamento arrasadora que ofereça alto valor é uma ótima maneira de gerá-lo — e você não precisará esperar muito tempo pela recompensa. Isso acontecerá no dia do lançamento, no momento da Abertura do Carrinho...

8. Mostre o dinheiro: chegou a hora do lançamento!

Susan Garrett é uma pessoa altamente competitiva e estava em uma corrida contra o tempo. Ela havia feito a inscrição em meu Programa de Treinamento da Product Launch Formula™, e seu marido não sabia quanto exatamente ela havia investido para participar do programa. Susan estava determinada a ganhar dinheiro suficiente para pagar os custos do programa antes que seu marido recebesse a fatura do cartão de crédito. E, considerando-se que ela não dispunha de nenhuma lista ou produto — e a fatura chegaria em menos de um mês —, havia alguns desafios à sua frente.

Susan é adestradora de cães, apaixonada pelo ofício de ajudar os donos e os próprios cães a levar uma vida melhor. Ela é uma das melhores adestradoras de cães do mundo — especialmente no supercompetitivo esporte denominado agility canina. Na realidade,

Susan já venceu mais de 25 campeonatos nacionais nos Estados Unidos e no Canadá, e inúmeros campeonatos mundiais.

Seu sucesso e suas habilidades a ajudaram a construir um bem-sucedido negócio internacional como adestradora de cães, levando-a à Europa, à Austrália e à Nova Zelândia para trabalhar com seus alunos. Para alguém que tinha uma enorme vontade de ajudar os cães e seus donos, tratava-se de um trabalho empolgante e gratificante.

Mas isso também significava que a agenda de viagens de Susan (que mora na periferia de Toronto) era estafante. Ela não conseguia auxiliar seus clientes permanentemente; quando ministrava uma oficina em algum lugar no exterior, era apenas um evento isolado. Por esse motivo, Susan já vinha buscando uma forma de diminuir sua agenda de viagens — foi nesse momento que seu marido sofreu um ataque cardíaco.

Como costuma acontecer, essa crise de saúde colocou a vida do casal em xeque. Susan queria reduzir drasticamente sua quantidade de viagens, mas precisava responder a duas questões importantes: como conseguiria continuar atendendo a seus clientes espalhados pelo mundo? E como iria compensar sua perda de rendimentos caso parasse de viajar para ministrar as oficinas de formação?

Àquela altura, Susan havia elaborado alguns DVDs de treinamento, mas as vendas nunca haviam atingido um bom patamar. Elas propiciavam uma razoável receita complementar, mas, certamente, não seriam capazes de substituir o faturamento que provinha de suas oficinas.

Foi mais ou menos nessa época que Susan descobriu a Product Launch Formula™. Ela se inscreveu em meu Programa de Treinamento na PLF em 2008. E, já que isso lhe exigiu um investimento substancial, ela estava determinada a promover um lançamento e pagar sua formação inteira antes que a fatura do cartão de crédito chegasse (e antes que seu marido visse quanto ela gastara).

É claro que havia alguns obstáculos no caminho. Os dois primeiros, como já mencionei, eram o fato de ela não dispor de nenhum produto ou lista. O terceiro é que Susan não tinha praticamente nenhuma habilidade técnica. Mas seu grande patrimônio era a enorme vontade de vencer — a mesma vontade que a levara a ganhar todos aqueles troféus em agility para cães.

Susan resolveu começar, então, com seus antigos clientes — ela possuía os endereços de e-mail de mais ou menos 1.200 pessoas. E, acompanhando minhas aulas, ela se deu conta de que precisava abrigar sua lista em algum lugar. Por isso, inscreveu-se em meu serviço de hospedagem, em ProFollow.com (http://www.profollow.com). Ela conseguiu fazer com que cerca de setecentos de seus ex-clientes aderissem à sua nova lista de e-mails.

Em seguida, ela reuniu esforços para criar um produto — um e-book inspirado em alguns velhos artigos que havia escrito. Ela compilou os artigos e os formatou, fixando o preço em US$14,97. E chegou a hora do lançamento.

Susan concebeu um pré-lançamento muito simples. Uma vez que ela não tinha habilidades técnicas, seu pré-lançamento foi inteiramente centrado no e-mail. Em vez de organizar uma sequência de vídeos de pré-lançamento, ela enviou vários e-mails que ofereciam um valor real e que conduziam à venda.

Os resultados foram imediatos e surpreendentes... o lançamento arrecadou US$27 mil em vendas. Isso foi mais do que suficiente para pagar o treinamento na PLF, e permitiu que ela se estabelecesse em seu novo negócio. Esse bem-sucedido retorno também convenceu Susan do valor da PLF. Afinal de contas, as vendas de seus DVDs nunca haviam atingido mais de US$10 mil por ano, e exigiam muito trabalho — incluindo a manutenção de um estoque, o trato com um distribuidor e o despacho dos produtos. Aquele lançamento praticamente triplicou seu maior índice anual de receita com os DVDs, a um custo quase nulo — e ela havia montado todo o lançamento em poucas semanas!

Evidentemente, esse foi apenas o começo. Quando um lançamento desse tipo é feito, ele nunca será o último. Desde então, Susan concebeu uma linha inteira de produtos para adestramento de cães, com preços que variavam de US$47, na escala inferior, a US$4.997, na escala superior. Ela organizou um lançamento para cada novo produto, e seus resultados vêm melhorando a cada um deles. Os produtos de treinamento de Susan são inteiramente on-line, e seus alunos estão distribuídos em todas as partes do mundo. Ela também arregimentou um dos grupos de clientes mais fiéis que já pude ver em qualquer tipo de negócio, tendo se tornado uma das líderes mais reconhecidas no mercado de treinamento em agility para cães.

Trata-se de uma incrível história de sucesso — o negócio que começou em poucos dias, com um e-book de US$14,97 (e a promessa de pagar os custos da PLF antes que a fatura do cartão de crédito chegasse), havia crescido. Hoje em dia, Susan tem uma equipe que a ajuda a administrar o negócio, e eles conseguiram melhorar muito as vidas de dezenas de milhares de cães — além das vidas de seus donos. Ao longo desse percurso, os lançamentos de Susan se tornaram lendários na comunidade PLF, e ela foi responsável por alguns dos lançamentos mais bem-sucedidos que utilizaram essa fórmula.

Você pode acessar meu Estudo de Caso com Susan neste link: http://www.thelaunchbook.com/susan.

A PERSPECTIVA DE UM ASTRONAUTA

Chegou a hora do LANÇAMENTO!

Se você chegou até aqui, conseguirá reconhecer um dos principais componentes de um lançamento ao estilo PLF — é preciso empenhar-se muito. Eu gostaria que não fosse assim, pois todos estamos sempre procurando a "tecla da facilidade". Bem, a PLF é uma tecla da facilidade que permite criar um excelente processo de vendas para seu produto, mas seu esforço é necessário. No entanto, os resultados justificam esse esforço, e todo o seu árduo trabalho será recompensado no dia do lançamento.

É difícil descrever a euforia do dia do lançamento. É o dia para o qual você se prepara por semanas, ou até mesmo meses. O dia do lançamento me faz pensar em algo que eu costumava fazer quando era criança. Eu pegava uma lente de aumento, colocava-a contra o sol e direcionava a energia solar para um pedaço de madeira. No fim, a luz solar concentrada era forte o suficiente para fazer a madeira queimar. Seu lançamento é parecido com isso. Você concentrou uma quantidade enorme de energia nesse dia. Na verdade, esta é a essência do lançamento: atrair a atenção daquelas pessoas que estão na sua lista e no seu mercado e fazê-las alimentar expectativas em relação a esse dia. Se você seguiu minha fórmula, terá conseguido fazer com que o nível de interesse das pessoas chegasse ao auge. E, naturalmente, suas próprias emoções e sua energia também estarão nesse patamar.

Você nunca mais vai se esquecer da primeira vez que clicou o botão "enviar" e abriu o carrinho de compras. Tenho um amigo que é astronauta e que já viajou três vezes para a Estação Espacial Internacional. Ele me descreveu aqueles primeiros minutos de decolagem em um lançador espacial — aquela incrível descarga de força e aceleração. Por mais tolo que possa parecer, seu relato fez com que eu me lembrasse da sensação que um lançamento de produto bem executado provoca em mim, aquela sensação semelhante à de experimentar um poder e uma aceleração quase inacreditáveis.

"ELES CHEGAAAARAM...
E ELES QUEREM COMPRAR!"

Lembro-me de um lançamento que ajudei um amigo a fazer. O pré-lançamento foi muito bem conduzido, e estávamos bastante confiantes de que teríamos um lançamento vitorioso em nossas mãos. Todos os sinais anteriores haviam sido positivos. Cerca de 36 horas antes do lançamento, várias pessoas começaram a nos fazer perguntas específicas sobre o preço e a oferta. Na verdade, no último dia do pré-lançamento, o tom geral dos comentários postados no blog variava de perguntas a respeito do conteúdo a perguntas relacionadas à oferta em si. Isso sempre é um bom sinal.

Mas, por melhor que seja o pré-lançamento, lá no fundo você sempre ficará na dúvida. Você se pergunta: as pessoas vão colocar a mão no bolso e comprar?

Logo de manhã cedo, enviamos o link com a página de vendas para aquele lançamento. Na verdade, ainda não havia uma página de vendas, apenas um cronômetro fazendo a contagem regressiva até a abertura. Enquanto os visitantes do site observavam o cronômetro, nós olhávamos as estatísticas do servidor, que nos informavam quantas pessoas estavam navegando na página, esperando para assistir ao nosso vídeo promocional. Dispúnhamos de estatísticas sobre quantas pessoas estavam acessando o site, em que página estavam e por quanto tempo permaneciam naquela página específica. Os números continuavam a aumentar. Faltando trinta minutos, havia cem pessoas navegando na página, aguardando a abertura. Faltando vinte minutos, havia trezentas pessoas. A dez minutos da abertura, o número já havia passado de seiscentos.

Foi quando observamos o fluxo do nosso servidor disparar, pois as pessoas que estavam na página começaram a clicar o botão "atualizar" no seu navegador. Elas mal podiam esperar que a página de vendas fosse carregada. Naquele exato momento, enviei uma mensagem instantânea pelo Skype para minha equipe de lançamento, dizendo: "Eles chegaaaaram... e eles querem comprar!"

Alguns minutos depois, disponibilizamos pontualmente o serviço. A reação foi imediata. Ultrapassamos os US$100 mil em questão de minutos, atingimos US$500 mil na primeira hora e, alguns dias depois, quando encerramos o lançamento, já tínhamos conseguido mais de US$3 milhões em vendas.

Evidentemente, nem todos os lançamentos vão chegar à marca dos US$3 milhões. Na verdade, fiz dezenas de lançamentos antes de conseguir realizar meu primeiro lançamento de US$1 milhão. Mas, mesmo que sua taxa de sucesso não seja tão alta quando você começar, a descarga de adrenalina na abertura do carrinho de compras será de uma intensidade quase equivalente.

E, francamente, saber que meus alunos alcançaram US$3 mil, US$8 mil ou US$27 mil em seus primeiros lançamentos me deixa mais empolgado do que os lançamentos de milhões de dólares. Ficar sabendo desses lançamentos "menores" quando as pessoas estão apenas começando é muito mais animador do que tomar conhecimento de lançamentos de milhões de dólares realizados por empresas já estabelecidas, porque eu sei que a vida dos meus alunos mudará para sempre depois disso. Em breve, eles chegarão aos grandes lançamentos, mas nunca mais se esquecerão daquele momento em que clicaram o botão "enviar" e viram os primeiros pedidos de compra aparecendo.

O DIA DO LANÇAMENTO EM DETALHES

Antes de mais nada, a expressão que costumamos usar para o dia do lançamento é "Abertura do Carrinho", porque é o momento em que você abre seu carrinho de compras e começa a receber os pedidos. E, como se pode imaginar, o dia de encerramento do lançamento se chama "Fechamento do Carrinho". Embora, tecnicamente, você não esteja fechando o carrinho de compras nesse dia, ainda assim precisará fixar uma data precisa para o término do lançamento. Mas estou me adiantando. Vou chegar lá daqui a pouco.

Portanto, se você seguiu a minha fórmula até aqui, terá elaborado uma sólida Sequência de Pré-Lançamento que conduziu à Abertura do Carrinho. Seu PLC o conectou às pessoas que fazem parte de sua lista. Despertou os estímulos mentais, estabelecendo um alto grau de autoridade, comprovação social e senso de comunidade.

E, nos últimos dias do pré-lançamento, você começou a ativar o estímulo da escassez. Sua lista sabe que você lançará uma oferta. A última parte do seu PLC dava uma grande guinada em direção à antecipação dessa oferta. Em outras palavras, seu pré-lançamento já se encarregou de fazer quase todo o trabalho pesado, no sentido da efetivação da venda.

A própria mecânica de abertura do lançamento é bastante simples. Você precisa ter uma página de vendas consistente. Para isso, é necessário, normalmente, um vídeo promocional ou uma carta de vendas. Embora você já tenha realizado a pré-venda para as pessoas que acompanham sua Sequência de Lançamento, é importante não poupar esforços na sua mensagem de venda. Você deve começar com a oportunidade e, em seguida, contar toda a história da sua oferta.

Quando sua página de vendas estiver concluída, seja utilizando um vídeo promocional ou uma carta de vendas, o passo seguinte é apenas enviar um e-mail para a sua lista de lançamento e comunicar que seu produto já está disponível, que já está sendo comercializado. Esse e-mail deve ser curto e simples, trazendo um link para sua página de vendas. A essa altura, você já gastou muito tempo e muita energia desencadeando todo o processo, de modo que essa mensagem precisará ir direto ao ponto.

Esse é um exemplo de e-mail que usei na abertura do carrinho do meu Programa de Treinamento da Product Launch Formula™:

> Olá, acabo de abrir as inscrições para a Product Launch Formula™. Elas estão disponíveis em:
>
> CLIQUE AQUI para a Product Launch Formula™
> http://www.productlaunchformula.com
>
> (Abri as inscrições um pouco mais cedo, para evitar congestionamentos e facilitar o fluxo no servidor.)
>
> Um grande abraço,
>
> Jeff
>
> P.S.: Lembre-se... não é preciso entrar em pânico. Não acredito que as vendas se esgotarão imediatamente. Porém, se você quiser garantir uma vaga no meu curso ao vivo sobre a PLF, então, por favor, não demore. Essas vagas não vão durar muito. Eis o link:
>
> CLIQUE AQUI para a Product Launch Formula™
> http://www.productlaunchformula.com.

Como se pode perceber, tratava-se de um e-mail curto e simples. A abertura do e-mail tinha apenas uma frase antes de informar o link para a carta de vendas. E, logicamente, quando enviei esse e-mail, o link estava funcionando.

OBSERVAÇÃO: de modo geral, o "P.S." é a parte mais lida de um e-mail, por isso eu o utilizei para ativar o estímulo da escassez, avisando aos meus leitores que não deveriam demorar, ou correriam o risco de perder meu curso ao vivo.

ANTES DE CLICAR NO BOTÃO "ENVIAR"

Estou me arriscando a afirmar o óbvio, mas antes de enviar esse e-mail comunicando a Abertura do Carrinho, certifique-se de que você avaliou e testou — e testou novamente — todas as etapas. Sua página de vendas está sendo carregada? Todos os links da página estão funcionando? Seu formulário de pedidos está formatado e revisado? Você repassou todo o processo de solicitação de pedidos? Sabe o que acontece exatamente quando um pedido é realizado? E quanto à página de agradecimento depois de uma compra? O e-mail de confirmação? O serviço de atendimento ao cliente?

Se tudo estiver testado e preparado, é hora de enviar o e-mail. E devo dizer que, independentemente de quantas vezes eu já tenha feito isso, sempre fico nervoso. Ainda hesito antes de clicar naquele botão e enviar o e-mail comunicando a Abertura do Carrinho. É um momento especial, portanto não se espante se sentir um frio na barriga e fortes emoções. Mas, depois de fazer as verificações finais, terá chegado a hora. Você estará pronto para o lançamento.

OBSERVAR A CHEGADA DOS PEDIDOS

Quando seu lançamento já estiver disponível, de maneira geral as duas primeiras horas se transformarão em uma espécie de partida esportiva. É muito difícil não ficar obcecado pelos resultados iniciais. Respire aliviado quando o primeiro pedido chegar, porque isso significa que tudo está funcionando corretamente.

Logo depois, costumo passar as próximas duas horas analisando as estatísticas. Observo o tráfego no site, o tráfego até o formulário de pedidos propriamente dito, quantas vezes o e-mail de lançamento foi aberto e quantos cliques recebeu, o número de pedidos e os detalhes de cada um (quais são as opções das pessoas).

Há muitas informações, e é bem possível que a análise de todos esses dados se torne interminável. Mas, passadas algumas horas, é importante desligar-se das estatísticas e voltar a trabalhar, porque a Abertura do Carrinho já terá começado.

(Na minha Página de Recursos, apresento alguns links para minhas ferramentas favoritas em estatísticas e dados. Você pode acessar essa página em http://thelaunchbook.com/resources.)

SUA ESTRATÉGIA PARA A ABERTURA DO CARRINHO

Assim, a Abertura do Carrinho é um ponto alto, mas é apenas uma parte de toda a Sequência de Lançamento. Normalmente, você manterá o lançamento aberto por um período aproximado de quatro a sete dias. Algumas vezes, meus lançamentos são ainda mais curtos. Houve momentos em que meu produto se esgotou em menos de 24 horas ou em menos de 36 horas.

Mas talvez seja melhor evitar fazer um lançamento hipercondensado como esse, até que você tenha realizado alguns e adquirido experiência. Se o período for muito curto, você terá pouco tempo para se recuperar, caso cometa algum erro. Em seu primeiro lançamento, concentre-se apenas em manter seu carrinho de compras aberto por cinco dias.

Seus resultados irão variar radicalmente, dependendo do mercado, da oferta e de toda a estratégia de lançamento. De modo geral, porém, você receberá 25% dos pedidos no primeiro dia e cerca de 50% dos pedidos no último dia. O êxito do primeiro dia se deve ao fato de você ter alimentado muita expectativa. O pico no fim do lançamento é o estímulo da escassez entrando em ação. Obviamente, o restante dos pedidos será distribuído entre a abertura e o fechamento.

O GRANDE FECHAMENTO

Uma regra infalível e fundamental para se criar um lançamento bem-sucedido é estabelecer um fechamento definitivo para ele. Deve haver alguma consequência negativa para o caso de as pessoas não comprarem naquele período limitado em que o carrinho estiver aberto. Deixe claro que algo ruim acontecerá se elas não comprarem até o fim do lançamento — seus potenciais clientes perderão algum benefício. Essa consequência negativa é o que alimenta a escassez, e isso gerará um significativo aumento de vendas nas últimas 24 horas de seu lançamento.

IMPORTANTE: Muitas pessoas evitam criar uma escassez real no fim do seu lançamento. Não cometa esse erro ou comprometerá seriamente seus resultados. Na verdade, reduzirá suas vendas pela metade. Aumente a intensidade no fim de seu lançamento, e seus resultados dobrarão de tamanho.

Mas o que é essa escassez? Qual será essa consequência negativa se as pessoas não optarem por seu lançamento? Há três formas principais de incutir escassez em sua oferta:

1. **O preço vai aumentar.** Você define um preço especial durante seu lançamento, e as pessoas precisam optar por seu lançamento para garantir aquele preço. Isso é fácil de entender. Uma "Grande Promoção de Inauguração", ou uma Black Friday, o grande

dia de compras nos Estados Unidos após o Dia de Ação de Graças, são dois exemplos familiares. Embora esse seja um excelente incentivo para fazer com que as pessoas optem por seu lançamento e seja muito fácil de usar, não é a forma mais poderosa de escassez durante um lançamento.

2. **Os bônus serão removidos.** Digamos que você esteja vendendo um produto que ensina as pessoas a tocar blues na guitarra. Durante o lançamento, você oferece um bônus especial: ministrar uma aula de guitarra individual através do Skype. Se elas não se inscreverem durante seu lançamento, não obterão aquela aula bônus. Essa forma de escassez pode ser muito potente. Se o bônus for interessante, talvez seja um incentivo ainda mais forte do que o aumento do preço.

3. **A oferta vai acabar.** Se seus potenciais clientes não comprarem durante o lançamento, eles perderão essa oportunidade — o que significa que não obterão nenhum benefício com a oferta. Na maioria dos casos e das ofertas, essa é a forma mais forte de escassez — costuma ser um incentivo muito mais forte do que o aumento do preço. O único problema é que esse tipo de escassez não funciona muito bem com determinadas ofertas. Se você estiver abrindo um restaurante, não estará interessado em fechá-lo depois de uma semana. Pessoalmente, já utilizei essa forma de escassez várias vezes, em especial nos meus programas on-line (como o Programa de

Treinamento da Product Launch Formula™). Faz todo o sentido para minha oferta, porque ensino o programa para grupos de alunos, seguindo um esquema similar ao de uma turma de faculdade. Isso significa que, quando eu abrir uma nova turma, as inscrições estarão abertas por um período limitado. Se alguém perder o período de inscrições, não conseguirá fazer parte dela. Esse tipo de escassez é um incentivo extremamente convincente, desde que seja adequado ao seu produto.

Um fator crucial: você pode combinar essas três formas de escassez e distribuí-las em camadas, umas sobre as outras. Se você conseguir aumentar os preços e remover os bônus no fim do lançamento, então terá acabado de criar uma escassez ainda maior e um lançamento ainda mais poderoso.

Finalmente, lembre-se de que a utilização desses tipos de escassez não tem a ver com manipulação. A escassez tem de ser real.

A razão pela qual um lançamento com um prazo rígido de fechamento funciona tão bem é que os potenciais clientes sempre vão preferir adiar a decisão. Isso sera maximizado se a decisão envolver colocar a mão no bolso e gastar dinheiro. Se você possui um excelente produto, capaz de causar grande impacto na vida de seus potenciais clientes, você lhes deve a melhor oferta possível, de modo a fazê-los superar essa tendência à procrastinação. A melhor maneira de fazer isso é terminar seu lançamento com um ponto de exclamação — o que significa algum tipo de escassez que evoque um senso de urgência.

PARA ALÉM DA ABERTURA E DO FECHAMENTO

É fundamental que você não esmoreça durante o período de abertura do seu carrinho. Já vi alguns de meus alunos cometendo esse erro, e eles acabam deixando de ganhar muito dinheiro. Deve-se continuar enviando e-mails para sua lista todos os dias nos quais seu carrinho estiver aberto. Aqui, você verá como usar o e-mail para manter seus potenciais clientes informados a respeito do lançamento. Nesse exemplo, vamos supor que o lançamento dure cinco dias.

No dia do lançamento, você envia dois e-mails — o primeiro quando abrir o carrinho (veja o texto de e-mail apresentado anteriormente) e o segundo cerca de quatro horas depois, para que sua lista saiba que tudo está funcionando e que o produto está à venda.

No dia seguinte à Abertura do Carrinho, você deve enviar outro e-mail — normalmente, um e-mail de comprovação social, no qual falará sobre o enorme índice de resposta obtido por seu lançamento.

No Dia Três, você envia um e-mail mais longo, respondendo às perguntas mais importantes a respeito do produto. Assim como em todos os outros e-mails enviados no período de Abertura do Carrinho, você deve incluir pelo menos um link para sua página de vendas.

No Dia Quatro, a mensagem passa a mencionar a escassez. Basicamente, você está dando um aviso de que faltam 24 horas para o fechamento. Você deve ser absolutamente claro sobre o encerramento das vendas e sobre o que seus potenciais clientes perderão se não agirem antes que a oferta de lançamento acabe.

Então, no Dia Cinco, você enviará dois (ou até três) e-mails. O primeiro deles deve ser enviado pela manhã cedo, reiterando que as vendas se encerrarão naquele dia. O segundo é enviado seis a oito horas antes do Fechamento do Carrinho. Esse será um dia repleto de comemorações e de um aumento maciço dos pedidos de compra — desde que você siga esse planejamento. Infelizmente, já vi muitas pessoas cometerem o erro de esmorecer no último dia. Elas não enviam nenhum e-mail à sua lista, ou mandam apenas um. Em geral, isso acontece porque elas começam a se preocupar com o fato de já terem enviado muitos e-mails durante o lançamento e ficam se perguntando qual seria a utilidade de enviar mais um.

É uma forma errada de pensar. Não cometa esse erro. Você precisa enviar mais de um e-mail no dia do fechamento. Confie em mim... isso faz uma grande diferença. Muitos de seus potenciais clientes têm alta tendência à procrastinação e esperarão até o último minuto. Na verdade, depois que você realizar seu primeiro lançamento e observar a corrida de última hora, acho que concordará comigo que a MAIORIA das pessoas é absurdamente procrastinadora. Seja qual for a hora em que você encerrar o lançamento, haverá pessoas fazendo pedidos até o último minuto. Portanto, faça um favor a si mesmo — mande ao menos dois e-mails no dia do fechamento e considere o envio de um terceiro e-mail.

QUANDO AS COISAS DÃO ERRADO

Por mais que eu queira que tudo sempre funcione perfeitamente bem e que cada lançamento seja um grande sucesso, às vezes ocorrem alguns problemas. Em alguns casos, um lançamento pode ficar aquém do esperado. Portanto, eu gostaria de abordar alguns dos problemas mais comuns e oferecer diretrizes sobre o que fazer quando seu lançamento não for muito bem.

O primeiro tipo de problema é de ordem técnica. Se você enviar tráfego demais ao seu site, isso poderá causar o travamento do servidor. A boa notícia é que não há nenhum risco de esse problema acontecer no seu primeiro lançamento. Só um grande lançamento, com um tráfego gigantesco, afetaria seriamente um servidor. E, a menos que você já tenha um fluxo de negócios significativo com uma lista extensa, provavelmente seu servidor não será sobrecarregado.

Porém, se, de fato, você tiver um alto fluxo de negócios, com uma lista extensa, então definitivamente deve ficar atento a isso. Eu travei um servidor em um dos meus grandes lançamentos, e isso me custou muita aflição, inúmeros pedidos e, no fim das contas, muito dinheiro. Também me custou o prestígio perante meus clientes, e minha reputação sofreu um grande abalo. Não se engane: o travamento do servidor não é nada divertido. Você pode verificar minha lista atualizada de serviços de hospedagem de sites e de servidores recomendados na Página de Recursos, em http://thelaunchbook.com/resources.

Outro problema no qual muitas pessoas não pensam é como receber o dinheiro — em outras palavras, em como serão pagas. Se você aceitar pedidos on-line, utilizará algum portal de pagamento ou conta de comerciante. E, qualquer que seja a sua opção, se houver um súbito aumento do volume de pedidos, isso poderá causar algum nível de ansiedade. É bem provável que eles interpretem esse grande aumento de pedidos como um risco de crédito, fiquem temerosos de que você pegue esse dinheiro todo, não entregue seu produto e ainda resolva fugir para uma praia do Taiti. Se você agisse assim, eles seriam responsabilizados por todos os futuros pedidos de reembolso. O resultado é que um grande aumento do volume de pedidos que exceda seu padrão assustará o provedor de sua conta de comerciante. Já passei por isso inúmeras vezes, tanto com minhas contas de comerciante quanto com o PayPal. A melhor maneira de evitar esses problemas é estabelecer uma comunicação franca antes do lançamento. Você também deve contratar um provedor de conta de comerciante que seja "amigável ao lançamento".

Há muitos provedores que o entenderão quando você mencionar que está realizando um "lançamento ao estilo Jeff Walker". Para ter acesso a uma lista atualizada dos provedores que recomendo, consulte a Página de Recursos, em http://thelaunchbook.com/resources.

E SE NINGUÉM COMPRAR?

O que acontecerá se, simplesmente, o lançamento não se converter em vendas? Você abre o Carrinho e a quantidade de vendas é muito baixa. Por mais que eu queira lhe dizer que isso nunca acontece, algumas vezes acontece, sim. E, se acontecer, é hora de entrar no modo diagnóstico.

Em primeiro lugar, se você não tiver conseguido efetivar nenhuma venda, precisa dar início à verificação do processo. Comece com seu e-mail de lançamento. Abra as mensagens em seu programa de e-mails e tente clicar no link para ter certeza de que ele está ativado. Depois, analise o processo de vendas em seu site e certifique-se de que tudo está funcionando. A página de vendas ou a carta de vendas estão sendo carregadas? Você consegue acessar o formulário de pedidos? Tente fazer um pedido para se certificar de que ele chega até o fim. Está tudo funcionando?

O próximo passo é determinar se o site está recebendo algum tipo de tráfego. Verifique as estatísticas de suas mensagens de e-mail. Ele foi enviado? Analise as estatísticas. Alguém acessou seu site? O que as estatísticas de tráfego estão lhe informando? Qual a quantidade de tráfego em sua página de vendas? E em sua página de pedidos?

Finalmente, se tudo estiver funcionando, se seu site estiver recebendo fluxo de tráfego e, ainda assim, você não estiver conseguindo efetivar nenhuma venda, existe um problema de conversão. De modo geral, há duas razões principais para os problemas de conversão: a oferta ou a mensagem de venda. Talvez seja difícil desvendar qual delas está gerando a baixa conversão, e é possível que haja uma combinação desses dois fatores.

Primeiro, vamos dar uma olhada na oferta. Sua oferta é atraente? Ela oferece uma solução ou resolve algum problema com o qual o mercado esteja preocupado? Você está vendendo algo que supre uma demanda real do mercado? Ou é algo que você acredita que ele precisa, ou que você simplesmente teve vontade de criar? A oferta atende às esperanças e aos sonhos de seus potenciais clientes? Ela lida com os medos e as expectativas do mercado? Está adequada ao que o mercado deseja?

Vamos considerar, agora, a mensagem de venda em seu vídeo promocional ou em sua carta de vendas. A mensagem de venda anuncia a transformação ou a mudança que seu produto oferece ao potencial cliente? Ela destaca os benefícios do seu produto? Faz com que tais benefícios pareçam tangíveis e concretos? O processo de compra é simples e compreensível ou é confuso em algum sentido? Você diz claramente aos seus potenciais clientes o que eles estão comprando e o que podem esperar em cada etapa do processo? Quanto custa o produto? Qual é a garantia que você lhes dá?

Se você conseguir identificar um problema com a oferta ou com a mensagem de venda, está na hora de agir. Nunca é tarde para se encontrar uma solução inesperada para um problema. Já vi reviravoltas extraordinárias em meio ao lançamento graças aos ajustes feitos em uma oferta e/ou à reelaboração de uma página de vendas.

APROVEITE A BOA FASE — O QUE FAZER APÓS O LANÇAMENTO

Um dos resultados mais poderosos e surpreendentes ao fazer esses lançamentos é o grau de prestígio que você conquista. Quando oferece um valor real em seu Conteúdo de Pré-Lançamento, seu mercado se encantará com você... tanto as pessoas que estão comprando QUANTO aquelas que estão apenas acompanhando o seu Conteúdo de Pré-Lançamento, sem comprar nada.

Evidentemente, nem todos ficarão encantados, mas uma grande parcela do mercado ficará. Essas pessoas são sua tribo, e o pré-lançamento cria um excelente processo de autosseleção para ajudá-lo a identificá-la.

Depois de concluir o processo de lançamento e fechar o carrinho, você precisará estreitar sua relação com aqueles que compraram seu produto. Isso é o que se chama de "pós-lançamento", e é fundamental que você o utilize para ganhar impulso e ampliar o posicionamento existente no momento em que o lançou. Faço um grande esforço para superar as expectativas dos meus novos clientes e sugiro que você faça o mesmo. Sempre tenho alguns bônus extras que não foram mencionados durante o lançamento e começo a enviá-los logo após o Fechamento do Carrinho. Nos dias de hoje, em que quase sempre nos desiludemos com nossas experiências depois de comprar um produto, acrescentar algo fará com que você se destaque no mercado. É incrível o que alguns bônus extras inesperados podem fazer. Você não precisa exagerar... basta oferecer mais do que prometeu.

Um dos maiores — e mais fáceis — trunfos a serem alcançados no seu mercado provém da organização de um sólido processo de acompanhamento de novos clientes. E uma boa parte disso pode ser realizada por e-mails automáticos de acompanhamento.

Outra área na qual você não deveria poupar esforços é o serviço de atendimento ao cliente. Eu presto um serviço de atendimento de alta qualidade, e ele vale cada centavo investido. Não encaro esse serviço como um centro de custos, mas como parte essencial da estratégia global de construção do meu negócio.

Finalmente, não se esqueça de fazer um acompanhamento dos potenciais clientes que NÃO compraram. Você gastou uma energia considerável para envolvê-los em seu pré-lançamento e, mesmo que eles não tenham comprado dessa vez, ainda são excelentes clientes em potencial para as próximas ofertas. Não deixe esse envolvimento arrefecer. Envie um pouco mais de conteúdo alguns dias depois de encerrar o lançamento. Assim, eles já estarão preparados para a oferta seguinte ou para um novo lançamento.

Portanto, agora que já tratamos do lançamento, reservei algo especial para você — os segredos do Seed Launch™, que ensina a fazer um lançamento mesmo que você não tenha nenhuma lista ou produto. Vou lhe mostrar como construí um negócio a partir de um mero Seed Launch™, transformando-o em um império de mais de US$20 milhões...

9. Como começar do zero: o Seed Launch™

As vidas de Tara e Dave Marino viraram de cabeça para baixo com a perda de seu filho. É um pesadelo no qual nenhum pai deseja pensar. Não consigo imaginar essa situação, mas conheço a dor de perder alguém muito próximo que vai embora antes da hora. Não é fácil superar uma perda desse tipo.

Dave tinha um emprego ótimo e seguro, que lhe garantia um salário de mais de seis dígitos ano após ano, mas ele se sentia deslocado no ambiente corporativo. E, depois da trágica perda do filho, estava com dificuldades para demonstrar interesse por qualquer outra coisa na vida. Tara, por sua vez, comandava uma pequena imobiliária, mas, na maior parte do tempo, ficava em casa cuidando dos dois filhos pequenos.

Tara tinha uma paixão: ajudar suas amigas, geralmente mães e esposas como ela, a infundir um pouco mais de sensualidade em suas vidas. Quando ela ouviu falar da Product Launch Formula™, percebeu que se tratava de uma ferramenta mais do que adequada para levar sua mensagem a um público mais amplo e montar um negócio. Ela imaginou, inclusive, que aquilo proporcionaria a Dave uma nova perspectiva de vida.

Mas Tara tinha um grande desafio à sua frente — ela estava começando do zero. A partir da experiência adquirida com a ajuda prestada às amigas, ela sabia que tinha em mãos um material bruto para um programa de treinamento que ensinaria as pessoas a levar uma vida mais sensual, mas não possuía nenhum livro, seminário, nem mesmo uma palestra. E, certamente, não tinha um produto.

Outro problema: ela não dispunha de qualquer lista de e-mails, nem de qualquer plataforma. Contava apenas com alguns seguidores no Twitter e alguns amigos no Facebook.

Assim, considerando-se uma situação como a de Tara, por onde você começaria?

RECEBENDO UM PAGAMENTO
ANTES DE CRIAR SEU PRODUTO

Com a magia do Seed Launch™, é possível, literalmente, criar um negócio a partir de quase nada... e foi isso o que Tara fez.

Ela organizou uma lista de mais ou menos duzentas pessoas, tomando por base sua caixa de entrada e suas mídias sociais, e deu início ao pré-lançamento. O produto se chamaria "Você é Perfeita". Quando Tara e Dave falam sobre isso hoje, a sensação é de que todo o empreendimento foi um processo desordenado, montado às pressas. Mas, quando se está lançando o primeiro produto para uma lista tão restrita quanto a que eles possuíam, quase sempre é possível corrigir os eventuais erros, devido à proximidade da conexão com as pessoas que fazem parte dela. Em seu Seed Launch™, Tara conseguiu vender cinco vagas de seu programa de treinamento e arrecadar quase US$3 mil em vendas!

O produto era um conjunto de telesseminários a serem ministrados ao longo de seis semanas, acrescidos de planilhas e formulários. Isso significava que Tara criaria e entregaria o produto após a efetivação da venda. A cada semana, ela criava o material que seria compartilhado na sessão seguinte; fazia, então, o contato telefônico e dava a aula. Considerando-se que o processo como um todo era extremamente interativo, ela pôde usar as contribuições de suas clientes para aprimorar as sessões seguintes e oferecer aquilo que elas queriam. É claro que Tara gravou cada uma das sessões, que se tornaram a base de seu produto após o término do programa inicial. O Seed Launch™ lhe garantiu um retorno financeiro e um produto acabado.

Levantar US$3 mil do nada é muito animador, mas o que aconteceu depois é o que torna essa história incrível

Ao ministrar sua primeira aula de treinamento e vivenciar toda aquela interação, Tara teve a ideia de criar mais dois produtos: "O Poder da Sensualidade" e "A Fórmula da Beleza". E, com o ímpeto adquirido naquele primeiro lançamento, Dave e Tara conseguiram elaborar uma lista de e-mails com mil cadastrados. O lançamento seguinte arrecadou quase US$12 mil em vendas — um considerável aumento em relação ao primeiro. Porém, mais uma vez, isso foi apenas o começo. A nova promoção angariou US$90 mil, e a seguinte chegou aos US$190 mil. Cada lançamento fazia aumentar ainda mais sua lista e sua reputação no mercado. Até aquele momento, eles já haviam conseguido mais de US$500 mil com as vendas dos produtos, treinamentos e aulas de Tara.

Ao longo do percurso, Dave abandonou seu emprego. Subitamente, a "segurança" do ambiente corporativo já não significava muito. Embora nenhum êxito comercial consiga, algum dia, apagar a dor pela perda do seu filho, eles construíram uma vida nova para sua família, que mudou radicalmente quando Tara, Dave e seus dois filhos menores fizeram uma viagem para a França nas férias de verão e decidiram ficar por lá! Tara sempre sonhou em viver nesse país, e, de repente, o novo negócio e o novo estilo de vida tornaram tudo isso possível... Então, eles voltaram para casa, colocaram quase todas as coisas em um depósito e se mudaram para o sul da França.

(Para conhecer o Estudo de Caso completo de Tara e Dave, acesse http://thelaunchbook.com/tara.)

QUANDO VOCÊ ESTÁ APENAS INICIANDO AS SUAS ATIVIDADES

A esta altura, tenho certeza de que você já percebeu o poder de um lançamento de produto bem planejado. E já constatou que a Product Launch Formula™ é um sistema cujo funcionamento foi comprovado repetidas vezes, em negócios dos mais variados portes.

No entanto, já estou nessa área há tempo suficiente para saber que algumas pessoas simplesmente não conseguem enxergar como a PLF poderia funcionar em seus respectivos casos, ainda mais se estiverem apenas iniciando suas atividades. Talvez você seja assim. Talvez esteja pensando que, embora tudo isso faça sentido, você não tem ideia de como começar. Você não tem uma lista de potenciais clientes, tampouco um produto para vender. Talvez esteja imaginando quanto adoraria lançar algo, mas não dispõe de nenhum produto ou lista. Pode ser que você seja dono de um negócio neste momento, mas gostaria de se aventurar em algo diferente. Está disposto a seguir em frente, mas não sabe por onde começar. Bem, este é o seu capítulo, porque o Seed Launch™ fornece as respostas a todas essas perguntas.

Eu o nomeei de Seed Launch™ pois se trata de um pequeno lançamento que pode dar origem a um produto, uma lista ou até um negócio, transformando-os em um sucesso absoluto. Pense em uma pequena semente que, algum dia, pode virar um carvalho imponente, com 31 metros de altura. Olhar aquela semente e pensar que ela pode crescer e, na melhor das hipóteses, assumir um tamanho tão grande parece improvável, mas nós sabemos que é exatamente isso que acontece. E com o Seed Launch™ não é diferente. Ele começa com uma ideia e poucas vendas, mas pode converter-se em um negócio sólido.

O DESASTRE ATINGE UMA ENSOLARADA TARDE DE SEXTA-FEIRA

Antes de me aprofundar na mecânica do Seed Launch™ em si, quero dar um exemplo que mostra quanto ele pode funcionar e qual pode ser o alcance desse impacto. Esse Seed Launch™ aconteceu em 2005 e, assim como muitos outros lançamentos, foi motivado por uma necessidade concreta. Na verdade, tratava- se do meu lançamento, e eu estava começando do zero mais uma vez.

Depois de vários anos comercializando uma série de produtos e serviços, rompi uma parceria muito abruptamente. Eu já havia estabelecido várias parcerias ao longo dos anos, e a lição que aprendemos com elas é que, por sua própria definição, nenhuma delas pode durar para sempre. De qualquer forma, o término dessa parceria ocorreu sem qualquer aviso prévio. Em uma tarde de sexta-feira, meu sócio ligou e disse que não apenas estava desfazendo a parceria, como também levaria consigo quase todos os nossos clientes.

A maior parte dos empresários já enfrentou algo semelhante. Como costumo dizer, a situação não é tão incomum assim. Mas, certamente, ela tem o poder de fazer com que você foque sua atenção. Assim, a primeira coisa que fiz foi dar um tempo e pensar no tipo de negócio que eu gostaria de criar a partir de então. Passei um bom tempo fazendo uma lista do que gostava e do que não gostava no negócio que acabara de ser desfeito. Depois, elaborei uma lista de critérios para as mudanças que eu gostaria de realizar em um novo negócio. Levei bastante tempo selecionando o nicho que queria atingir com aquele novo negócio. E, mais importante do que isso, me concentrei no valor que eu poderia oferecer ao mercado.

Durante anos, eu havia focado no nicho de investimento e comércio. Todos os meus produtos anteriores ensinavam as pessoas a investir no mercado de ações. Embora adorasse aquele tipo de negócio, eu já estava saturado. Em média, costumava publicar minhas newsletters a respeito da bolsa de valores mais de quinhentas vezes por ano. E, considerando-se que eu fazia aquilo sem o auxílio de nenhuma equipe, o processo como um todo se tornou bastante maçante. Eu estava prestes a partir para um mercado diferente, cujos prazos eram bem menos apertados.

Havia outro fator preponderante a considerar: eu tinha descoberto, recentemente, uma paixão pelo empreendedorismo e pelo marketing. Não tinha nenhum conhecimento de marketing quando comecei, mas, ao longo dos anos, desenvolvi verdadeira habilidade nessa área. Criei meu primeiro negócio a partir do nada, elaborei uma enorme lista de contatos de e-mail e inventei esse sistema maluco para lançar os produtos. Na verdade, eu compartilhava minhas técnicas de lançamento de produtos com alguns empreendedores, e eles obtinham resultados surpreendentes. Eu sabia, portanto, que meu método funcionaria tão bem com os outros quanto funcionava comigo.

Assim, estabeleci uma área de especialidade (marketing e lançamento de produtos) que poderia gerar muito valor para as pessoas, e eu adorava tudo o que estava relacionado a esse nicho. Mas havia dois problemas: eu não tinha nenhuma lista ou produto naquele mercado. Nas gigantescas listas de e-mails do meu negócio anterior, havia pessoas interessadas apenas no mercado de ações; aquelas listas não seriam muito úteis no novo empreendimento. Mas uma coisa trabalhava a meu favor: eu havia sido convidado para dar uma palestra em uma conferência de marketing dentro de algumas semanas. Decidi, então, que usaria aquela palestra para começar a construir meu novo negócio.

Organizei uma ótima apresentação, que abrangia todo o meu processo de lançamento — ou, pelo menos, tanto quanto pude encaixar em uma apresentação de noventa minutos. Então, ao fim da palestra, fiz uma oferta: se alguém da plateia quisesse se aprofundar e aprender exatamente como implementar aquelas estratégias, eu ofereceria um curso para um pequeno grupo de clientes, ensinando-lhes cada etapa do processo. Eu o chamei de

"Oficina de Lançamento de Produtos". O curso aconteceria por meio de uma série de teleaulas que eu ministraria após o evento.

Existe uma forma de arte denominada "vender ao vivo", e devo confessar que eu não tinha habilidade nem experiência nessa prática. Portanto, ao fim da palestra, minha oferta não obteve um retorno muito impactante. Havia cerca de trezentas pessoas me assistindo, e eu vendi apenas seis vagas para a oficina. Não é um desempenho muito significativo. Hoje em dia, sei que um índice de resposta de 10% é o mínimo que se pode esperar depois de uma oferta ao vivo, e eu havia conseguido menos de 3%.

Ainda assim, percebi que, embora eu não fosse um bom vendedor, sabia definitivamente como fazer o lançamento de um produto. E, agora, eu tinha clientes verdadeiros, de carne e osso. Estava confiante de que poderia lhes oferecer uma habilidade que mudaria para sempre suas vidas.

ALGUNS PROBLEMAS... RESOLVIDOS!

Àquela altura, eu estava diante de alguns outros problemas. Em primeiro lugar, eu sabia como fazer lançamentos, mas não sabia, necessariamente, como ensiná-los. E, em segundo lugar, para conseguir um grau de participação mais elevado, eu queria que houvesse mais de seis pessoas na turma. Assim, convidei vários amigos empreendedores e outros empresários que conheci ao longo dos anos para participar das aulas. Para mim, era muito mais importante ter uma "massa crítica" na turma do que extrair cada último dólar que eu pudesse, de modo que estendi o convite como cortesia. Muitas daquelas pessoas estavam cientes dos meus bem-sucedidos lançamentos e estavam ansiosas para aprender minha fórmula... portanto, era uma situação em que elas não sairiam perdendo de forma alguma. Consegui reunir uma massa crítica, e eles começaram a aprender meus segredos. Isso fez com que o tamanho final da turma chegasse a mais de trinta pessoas.

Bem, isso resolvia o meu problema da massa crítica, mas ainda havia o problema de ter de descobrir a melhor maneira de transmitir os conteúdos. Eu sabia como fazer lançamentos, mas nunca havia ensinado a fórmula antes. E sabia, pela minha experiência, que, quando alguém é especialista em algum assunto, muitas vezes sofre da "maldição do conhecimento". A pessoa esquece o que é ser iniciante e termina ensinando de uma forma muito erudita.

Portanto, recorri a uma de minhas ferramentas prediletas — aquela que ensinei quando falamos sobre o pré-pré-lançamento. Perguntei ao meu público o que ele gostaria de aprender. Como parte da oferta, prometi cinco teleaulas. Porém, antes mesmo de dar a primeira aula, fiz uma pesquisa com esses trinta alunos para saber quais eram suas perguntas mais prementes sobre o lançamento de produtos. Peguei as respostas e as dividi em cinco amplas categorias, correspondendo às cinco ligações telefônicas que eu faria. Na primeira delas, reuni todas as perguntas a respeito de um tema específico, que representava uma visão geral do processo de lançamento de produtos, e as organizei em uma sequência lógica. Então, fui simplesmente avançando, respondendo a cada uma das perguntas durante a ligação.

Antes da segunda ligação, fiz outra pesquisa. Perguntei a eles se tinham alguma dúvida sobre o material que eu havia apresentado na primeira aula. Em seguida, quis saber quais eram os principais questionamentos acerca do segundo tema — a criação da Sequência de Pré-Lançamento. Mais uma vez, organizei essas perguntas em uma sequência convincente e respondi a todas elas na teleaula.

Dei continuidade a esse processo em cada uma das ligações — ensaboar, enxaguar, repetir. Depois de concluídas as cinco aulas, acrescentei uma ligação extra a título de bônus, em que eu me dispunha a responder a quaisquer perguntas adicionais dos alunos. E, então, pelo fato de sempre ter sido obcecado por cumprir minhas promessas para além do combinado, acrescentei algumas ligações extras de Estudos de Caso, nas quais apresentava exemplos de outros lançamentos.

No fim, acho que acabei fazendo nove ou dez ligações, em vez das cinco que eu havia prometido. Aprofundamo-nos, e ensinei tudo o que eu sabia. Isso gerou depoimentos testemunhais incríveis e inúmeros Estudos de Caso bem-sucedidos dos meus alunos. Tais depoimentos se deveram, em parte, ao fato de eu haver superado suas expectativas e, em parte, porque meu material (que, mais tarde, se tornou a Product Launch Formula™) era verdadeiramente revolucionário. Mas havia também uma terceira razão bastante importante pela qual meus alunos adoraram tanto o curso, e é fundamental que você a entenda.

Em resumo, embora eu nunca tivesse ensinado aqueles conteúdos antes, realizei um excelente trabalho. E o motivo disso não é o fato de eu ser um instrutor nato; foi o fato de eu ter deixado os alunos conduzirem o processo. Eu lhes perguntava continuamente, tanto nas ligações como nas pesquisas feitas antes de cada uma delas, o que eles gostariam de saber. O que não havia ficado claro no material oferecido? O que eu precisava recapitular e abordar mais detalhadamente? Quais eram as perguntas que haviam ficado sem resposta? De fato, usei esse primeiro grupo de alunos do meu Seed Launch™ para aprender a ensinar aqueles conteúdos.

De minha atual posição na indústria, observo vários produtos sendo lançados no mercado. E muitos deles não são tão bons assim. O uso do Seed Launch™ elimina a preocupação de estar criando um produto ruim. Ele lhe propicia um processo interativo para a elaboração do seu produto. E, ao envolver seus clientes, pedindo a opinião deles, você acaba criando um produto excelente. Em suma, você entra naturalmente em sintonia com as necessidades do mercado. Não existe nenhum trabalho de adivinhação. Você evita a maldição do conhecimento. E oferece um valor real a seus clientes.

SEU SEED LAUNCH™

Então, vamos entrar nos pormenores do Seed Launch™.

Esse é o lançamento ideal se você estiver apenas iniciando suas atividades e não possuir nenhuma lista ou produto. Também é excelente se você tiver uma ideia para um produto novo, mas estiver inseguro quanto à demanda existente, ou se quiser ser remunerado por um produto antes de criá-lo. Você vai descobrir que o Seed Launch™ é bastante flexível. A única limitação é que esse estilo de lançamento não funciona no caso de bens materiais. Mas, se você tiver um produto centrado no conhecimento ou na aprendizagem, então essa é a combinação ideal. Se você quiser ensinar alguém a perder peso, a aprimorar a relação, a encontrar um emprego melhor, a correr sua primeira maratona, a treinar seu cão, a conseguir mais pacientes para a quiroprática, mais seguidores nas mídias sociais... ou qualquer coisa desse tipo, você vai adorar o Seed Launch™.

A boa notícia é que, a esta altura, você já aprendeu quase todas as ferramentas e conceitos dos quais precisará para seu Seed Launch™. Uma notícia ainda melhor é que esse é o lançamento mais simples de todos. E a melhor de todas as notícias é que, no fim, você terá seu produto, ele será excelente e estará em perfeita sintonia com as necessidades e os desejos de seus potenciais clientes.

O Seed Launch™ se beneficia de dois fenômenos dos quais poucas pessoas se dão conta, a menos que já tenham realizado algum tipo de marketing direto centrado em listas. O primeiro é que, percentualmente, as listas menores são mais responsivas do que as listas maiores. Não estou querendo dizer um POUCO mais responsivas — eu estou querendo dizer que elas são MUITO mais responsivas. Certa vez, por exemplo, organizei um lançamento para uma lista de 299 pessoas. Eu estava tentando fazer uma das vendas mais difíceis de todos os tempos, pegando um serviço on-line que, originalmente, era de livre acesso e cobrando por ele. E o novo preço não era baixo: custava cerca de US$100 por ano.

Aparentemente, eu estava diante de uma venda muito difícil. Mas a lista era bem afetiva (em outras palavras, eu tinha uma relação muito estreita com as pessoas que faziam parte dela). No fim, consegui que 297 pessoas das 299 comprassem o produto, o que representou um índice de conversão de 99,3%. Está aí um índice que, quase com certeza, nunca mais conseguirei superar! (E meus resultados, seguramente, não eram nada típicos!) Mas, indo direto ao ponto, se a lista fosse de 3 mil pessoas, eu não teria chegado nem perto desse índice de conversão.

O segundo ponto importante e pouco conhecido do qual o Seed Launch™ se beneficia é que, em todas as listas, há uma porcentagem de pessoas conhecidas como "hiper-responsivas", são as suas fãs inveteradas. Elas abrem todos os e-mails ou cartas que você envia e comprarão impulsivamente tudo o que você oferecer. Essas pessoas são as primeiras a responder a qualquer e-mail, a fazer comentários em seu blog, a compartilhar suas atualizações nas mídias sociais. E a boa notícia é que as hiper-responsivas existem em quase todas as listas.

E, quando se combina a maior responsividade de uma lista pequena com a existência de pessoas hiper-responsivas imersas nessa mesma lista, estão lançadas as sementes de... bem... de um Seed Launch™.

Evidentemente, você deve estar se perguntando por que estou me reportando às listas pequenas, depois de ter afirmado que você poderia fazer um Seed Launch™ sem lista alguma. Bem, a primeira etapa desse lançamento é elaborar algum tipo de microlista. Ela pode ter apenas trinta pessoas, mas seria melhor que contivesse cerca de cem. E trezentas pessoas seria ainda melhor.

Mas o aspecto positivo é que organizar uma microlista como essa nunca foi tão fácil, e sua ferramenta mais eficaz são as mídias sociais. O procedimento para conquistar esses primeiros cadastrados é muito simples: basta começar a publicar conteúdos relevantes sobre seu tema em sites de mídia social como o Facebook, o Twitter e qualquer outra novidade que surja nesse mundo.

Considerando-se que as mídias sociais são mais rápidas do que a publicação de livros e levando-se em conta que o Seed Launch™ ainda estará funcionando décadas depois de eu escrever estas palavras, não fornecerei nenhuma tática específica para a elaboração de uma microlista a partir das mídias sociais. Mas, no fim das contas, você atrai seguidores publicando conteúdos relevantes e interessantes sobre seu tema. Pode ser um conteúdo criado por você ou um que você selecione (ou seja, coisas de outras pessoas que você encontra e compartilha). Seja qual for a maneira, atrair um pequeno número de seguidores não consome muito tempo. Mais uma vez, estabeleça um objetivo entre cem e trezentas pessoas. Não é tão difícil assim.

A principal meta do Seed Launch™ não é arrecadar US$1 milhão, mas colocá-lo no jogo, ajudá-lo a criar automaticamente um excelente produto e conhecer seu mercado, além de prepará-lo para um lançamento maior, um pouco mais adiante.

Portanto, assim como aconteceu com meu Seed Launch™ da Oficina de Lançamento de Produtos, sua oferta consistirá em uma série de telesseminários. Isso significa que você e todos os seus clientes ligarão para uma "linha compartilhada": trata-se de uma simples ligação telefônica, feita para um número específico. A linha compartilhada é organizada de modo que todas as pessoas consigam ouvi-lo — como se fosse uma teleconferência. Basicamente, você ministra uma palestra ao seu grupo de alunos pelo telefone. Se desejar, pode controlar a ativação do áudio de todas as linhas, para que os alunos possam manifestar-se durante a ligação. Já realizei telesseminários em que falei para milhares de pessoas, mas, ao apresentar seu produto no Seed Launch™, provavelmente haverá apenas algumas dezenas de ouvintes em suas ligações.

Uma rápida observação: você poderia optar por apresentações on-line, em vez de telesseminários. Em uma apresentação on-line, os alunos conseguirão visualizar a tela do seu computador, além de ouvi-lo falar. As apresentações on-line podem ser ótimas, pois oferecem a possibilidade de ensinar visualmente, mas também são um pouco mais difíceis de executar. Você pode, inclusive, promover uma série de treinamentos ao vivo, presenciais, se seu público for local. Mas a maneira mais fácil de começar é com os telesseminários. Há mais detalhes sobre as linhas compartilhadas e os serviços de telesseminários na Página de Recursos, em http://thelaunchbook.com/resources.

Assim, vamos supor que você fará uma série de três telesseminários sobre um tema (mais uma vez, pode escolher um número que faça sentido para você, mas, na maior parte das vezes, o que funciona melhor é fazer de três a cinco ligações). Organize-se para fazer uma ligação por semana. Planeje também uma ligação bônus surpresa, do tipo "Pergunta e Resposta", apenas para se certificar de que você está superando as expectativas dos novos clientes.

E quanto ao lançamento propriamente dito... uma vez que você estará vendendo para uma lista pequena e afetiva, que, muito provavelmente, conta com certo número de pessoas hiper-responsivas, seu lançamento não precisa ser muito elaborado. Use apenas o que ensinei nos capítulos 6 e 7.

Mas você precisará contar, de fato, com uma boa oferta, e será necessário explicar muito bem os benefícios que as pessoas obterão com suas aulas. Isso significa que o foco deve estar na transformação ou na mudança que sofrerão ao se inscreverem no seu treinamento. Você deve mostrar aos clientes como irá ajudá-los a realizar seus sonhos e objetivos e/ou a evitar seus medos e frustrações. Portanto, se pretende, por exemplo, dar aulas de guitarra, não se concentre na rapidez com que os alunos aprenderão a passar de um acorde a outro; pelo contrário, foque na transformação pela qual irão passar. Qual será o resultado final? Eles, finalmente, conseguirão tocar sozinhos e em companhia dos amigos? Vão adquirir confiança para começar a tocar com outras pessoas? Eles se sentirão, enfim, músicos de verdade? Conseguirão mais apresentações?

Vamos, então, ao seu lançamento. Com o Seed Launch™, sua intenção é simplificar as coisas, a começar pelo pré-pré-lançamento. Na verdade, a fase pré-pré se encarregará de fazer quase todo o trabalho pesado compreendido no lançamento. Volte e leia novamente o capítulo sobre o pré-pré-lançamento e prepare, então, uma clássica campanha de "investigação" pré-pré, em que você pedirá à sua microlista para lhe dizer suas perguntas mais prementes. Você pode fazer isso por meio de uma pesquisa de fato, do e-mail ou das mídias sociais. Essa pesquisa vai revelar muito a respeito das esperanças/sonhos/medos/frustrações do seu mercado... e será de inestimável valor no momento de montar sua oferta. E, é claro, sua fase pré-pré é um tiro de aviso — ela prepara o terreno para a oferta e começa a despertar a curiosidade e, até mesmo, a expectativa em relação ao produto que está sendo concebido.

Após a pesquisa inicial do pré-pré-lançamento, o próximo passo é acompanhamento por e-mail, no qual você menciona algumas das descobertas e conclusões levantadas na pesquisa. Pode compartilhar uma parte do seu próprio percurso até a transformação, como alguns de seus desafios iniciais e como você os superou. Ao fim do seu e-mail, fale um pouco sobre a aula seguinte.

Em um e-mail posterior, você apresentará sua oferta. Normalmente, se deseja direcionar as pessoas para uma carta de vendas ou um vídeo promocional. Mas, lembre-se, você não precisa valer-se de técnicas agressivas de venda. As pessoas que fazem parte da sua microlista acreditam ter uma relação pessoal com você (e, em muitos casos, isso será verdade). Portanto, sua mensagem de venda deve refletir essa sensação. Naturalmente, ainda terá de se esforçar para explicar os benefícios e focar na transformação ou na mudança final que os novos clientes sofrerão. Mas você não vai querer ser percebido como um vendedor de carros usados, porque isso não causará uma boa repercussão em sua microlista.

Seu objetivo nisso tudo é fazer com que trinta pessoas (sessenta pessoas seria um número ainda melhor) aceitem e comprem seu produto. Você deseja essa quantidade porque está em busca de um grau elevado de interação. E o desinteresse é um aspecto triste da natureza humana... quase sempre, haverá algumas pessoas que, simplesmente, não aparecerão nem participarão de forma alguma. Portanto, se você começar com trinta pessoas, ainda contará com algumas delas no fim. Se você não vender as trinta vagas, faça o que eu fiz na minha Oficina de Lançamento de Produtos e, discretamente, convide algumas pessoas para participar de forma gratuita. Se você começar com menos de trinta pessoas, isso não será um problema. Tara começou com cinco, e eu comecei com seis.

Uma breve observação sobre os preços e as vendas: já vi Seed Launches™ de produtos com preços entre US$50 e US$3 mil (dependendo do mercado e da oferta), de modo que os resultados financeiros irão variar radicalmente de pessoa para pessoa e de oferta para oferta. Mas lembre-se de que esse processo tem mais a ver com a criação de um excelente produto e colocá-lo no jogo do que com o dinheiro em si.

Ao entregar seu produto, lembre-se, ainda, de que o retorno dos clientes e as pesquisas são seus aliados. Costumo fazer uma pesquisa com as pessoas antes de cada ligação, perguntando quais são as duas dúvidas mais importantes a respeito do próximo assunto. Vamos voltar, então, àquele exemplo das "aulas de guitarra". Se a primeira ligação for sobre o "dedilhado da guitarra", eu explicaria sucintamente o tema em uma única frase e, em seguida, perguntaria: "Quais são suas duas perguntas mais importantes a respeito do dedilhado da guitarra?"

Seu trabalho não é ficar ao telefone respondendo a todas as perguntas. Você deve analisar as respostas, agrupá-las em temas e reformular as perguntas, de modo que possam ser convertidas em tópicos de aprendizagem. Organize-as, então, em uma sequência lógica e atraente. Quando tiver feito isso, estará pronto para voltar ao telefone e fazer uma excelente apresentação.

Depois da primeira ligação, você faz mais uma pesquisa. Primeiro, pergunta se há quaisquer questões adicionais a respeito do tema da ligação anterior (por exemplo, o "dedilhado da guitarra"). Em seguida, pergunta quais são as dúvidas mais importantes a respeito do próximo tema. Repita esse processo antes e depois de cada ligação. O feliz resultado é que você elaborará um produto capaz de atender perfeitamente às exigências do seu mercado. E, ao longo do percurso, você o conhecerá melhor e aprenderá a dialogar com ele... e isso trará uma enorme recompensa quando chegar o momento de seu primeiro grande lançamento. Pode parecer quase uma contravenção, mas você está sendo pago para fazer toda essa pesquisa de mercado.

É evidente que você gravará essas ligações — o que a maior parte dos serviços de linhas compartilhadas fará automaticamente. Se você fizer cinco ligações e acrescentar uma ligação bônus de Perguntas & Respostas, haverá seis gravações de áudio. E você poderá transcrevê-las. Cada hora de áudio será equivalente a algo em torno de 15 a vinte páginas impressas, de modo que terá os ingredientes para preparar um livro (ou um e-book), variando de noventa a 120 páginas. Agora, você conta com um áudio e um livro, e eis aí seu produto multimídia. BOOM! Você acabou de receber um pagamento para criar um produto!

Além disso, você se esforçará para que os novos clientes conquistem alguns resultados relevantes, porque eles serão os grandes candidatos aos Estudos de Caso à medida que você for avançando e se sentir preparado para lançar seu produto de forma mais ambiciosa.

Portanto, essa é a essência do Seed Launch™ — simples, rápido e flexível. Ele prepara o terreno para os lançamentos maiores que virão pela frente no seu negócio. É a maneira perfeita de ingressar nesse ramo: aprender a transmitir o que você sabe, conhecer as esperanças, sonhos e medos do seu público-alvo e criar um excelente produto sem muito esforço.

DO SEED LAUNCH™ ATÉ O IMPÉRIO

Apenas para lhe mostrar até onde esse lançamento pode chegar, uma observação final a respeito da história de meu Seed Launch™ da Oficina de Lançamento de Produtos. Embora tenha conseguido convencer apenas seis pessoas a comprar meu produto, eu me senti vitorioso. As pessoas que se inscreveram no treinamento o adoraram. E, quando colocaram em prática meus ensinamentos nos próprios negócios, os resultados começaram a aparecer. Foi o início da enorme quantidade de histórias bem-sucedidas da Product Launch Formula™, em praticamente todos os tipos de mercados e nichos imagináveis.

Sendo tão perfeccionista quanto sou, peguei todo o material que ofereci naquela primeira oficina e o recriei, preparando uma versão mais elaborada. Usei todas as lições que aprendi com o ensino dos conteúdos e acrescentei alguns Estudos de Caso dos meus alunos. Alguns meses depois, a criação do meu primeiro curso da Product Launch Formula™ estava concluída.

E, logicamente, tive de organizar um lançamento de produto para o curso. Isso aconteceu em outubro de 2005. Na primeira e única semana de lançamento, consegui arrecadar mais de US$600 mil em vendas. Desde aquela época, já acumulei mais de US$20 milhões com as vendas da PLF e, hoje em dia, existem mais de 10 mil Proprietários da PLF. E você também faz parte dessa história, porque este livro não estaria em suas mãos se não fosse por aquele primeiro e modestíssimo Seed Launch™ que realizei. Isso mostra o que pode acontecer quando você começa com um lançamento desse tipo e continua aprimorando os seguintes.

Uma observação a respeito desses números: embora já tivesse sido responsável por negócios bem-sucedidos antes, eu estava recomeçando. Estava entrando em um mercado completamente novo, com um produto completamente novo. A enorme lista que eu trazia do meu negócio anterior não era de nenhuma serventia para mim. Comecei do zero mais um vez e iniciei minhas atividades com o Seed Launch™.

No entanto, eu tinha mais uma "arma secreta" no meu arsenal para me ajudar a construir um novo negócio, que me fez chegar àquele lançamento de US$600 mil logo de saída — o maior que eu já havia feito. E como foi que eu consegui fazer isso em um mercado inteiramente novo, em que ninguém me conhecia e eu tinha uma lista quase nula?

Meu segredo foi o enorme poder do "Lançamento Conjunto", e é isso o que abordaremos no próximo capítulo...

10. Como ganhei um milhão de dólares em apenas uma hora: o Lançamento Conjunto

Qual é exatamente a fronteira entre medo e pânico?
O relógio estava avançando rapidamente em direção à hora de Abertura do Carrinho, e eu estava muito estressado, com dificuldade para dormir. Já fazia mais de 48 horas que o máximo que eu conseguia fazer era tirar um cochilo. Estava sendo bombardeado com e-mails e mensagens instantâneas, repletos de perguntas, comentários e sugestões. O tráfego no meu site estava mais intenso do que eu jamais havia visto. Não era minha primeira batalha — eu já havia feito dezenas de lançamentos. Dessa vez, porém, os riscos eram maiores, pois eu estava atuando em um campo muito mais vasto.
O cronômetro já havia iniciado a contagem regressiva, e eu ainda tinha muito a fazer. Eu

precisava de um título. Precisava testar o processo de pedidos de compra. Enviar um e-mail para minha lista. Tinha de me corresponder com meus parceiros. Arrrrrgggghhhh... Os minutos continuavam passando, e o horário de abertura estava se aproximando, às 10 horas do fuso horário MST (Mountain Standard Time).

Fazia pouco mais de seis meses que meu antigo negócio havia implodido devido ao rompimento de uma parceria, e era o momento de promover um "evento de faturamento" — ou seja, era a hora de ganhar algum dinheiro. Eu estava preparado para voltar aos negócios. Mas, dessa vez, queria um negócio em que eu tivesse o controle absoluto e não precisasse consultar um parceiro sempre que tivesse uma ideia ou plano.

Estava preparado para deixar o nicho da bolsa de valores. Eu adorava o mercado de ações quando comecei, mas percebi que adorava o marketing mais ainda, e que eu era realmente bom nisso. Sabia que eu não queria tornar-me consultor de marketing. Depois de anos como empreendedor na área da informação, eu estava apaixonado pelas publicações de conteúdo e pelo ofício de ensinar, pela natureza de alavancagem inerente ao negócio; meus rendimentos não estavam ligados ao número de horas que eu trabalhava, mas à habilidade com que eu conseguia vender meus produtos. E eu também estava apaixonado pelo impacto que era capaz de causar. Em vez de ajudar algumas dezenas de pessoas como consultor, eu poderia provocar impacto em milhares delas como editor de conteúdos. O que eu estava fazendo era absolutamente válido — vinha conseguindo sobreviver com um negócio centrado no marketing pela internet por mais tempo do que a maioria das pessoas dispunha de acesso à internet.

Havia apenas um problema: era um mercado saturado. Milhares de pessoas tentavam sobreviver como especialistas de marketing pela internet. Algumas eram muito bem-sucedidas, mas a maioria mal conseguia pagar a impressão de seus cartões de visita. Era um mercado no qual eu não tinha nenhum posicionamento ou força. Embora eu viesse fazendo negócios on-line havia muito tempo, embora tivesse concebido uma forma completamente revolucionária de vender on-line e embora estivesse ganhando mais dinheiro on-line do que a maioria dos assim chamados gurus de marketing pela internet... bem, nada disso importava, porque eu não era uma pessoa conhecida naquele nicho. Todas as minhas listas de e-mails e meus sites eram sobre a bolsa de valores. As dezenas de milhares de cadastrados que eu possuía na lista de e-mails não teriam nenhuma utilidade se eu quisesse migrar para um negócio no nicho de marketing pela internet.

Porém, eu ainda tinha um ás na manga. Era apenas uma carta, mas era poderosa, e eu apostaria tudo o que tinha nela.

Alguns anos antes, em fevereiro de 2003, participei de um seminário de marketing pela internet. Quando pus os pés naquele lugar, senti como se tivesse encontrado a minha tribo.

Fazer negócios on-line naquela época **po**dia ser uma tarefa bastante solitária. Participei daquele **bom** combate todos dias, do escritório da minha casa, mas quase ninguém entendia o que eu estava fazendo. A ideia de um negócio on-line era completamente alheia a quase todas as pessoas.

Mas, naquele seminário, subitamente eu estava diante de centenas de pessoas que faziam a mesma coisa que eu — todas tinham as mesmas esperanças e frustrações, os mesmos sonhos e desafios. E, naquela sala de reuniões, um grupo restrito de pessoas formaria um elo que duraria anos e que mudaria por completo a indústria. Mas tudo isso aconteceria em um futuro distante.

No curto prazo, aprendi algo importante: os lançamentos de produtos que eu fazia calmamente no meu negócio de mercado de ações eram mesmo únicos. Ninguém fazia nada parecido. Antes daquele seminário, eu não havia me dado conta de quanto meus lançamentos de produtos eram extraordinários. Eu tinha acabado de fazer o lançamento que arrecadara US$106 mil em sete dias e que me ajudou a comprar minha casa. No entanto, não havia percebido quanto aquele resultado era incomum, nem quão incomuns eram as minhas estratégias. Não imaginava que eu fosse a única pessoa que realizava lançamentos daquele tipo. Eu os havia inventado por conta própria e, por isso, supunha que as outras pessoas faziam o mesmo. Mas eu me enganei. A cada vez que eu mencionava um dos lançamentos que havia realizado no meu negócio, todos os ouvintes ficavam em silêncio e de orelhas em pé. Meus lançamentos pareciam desafiar as leis naturais do marketing e dos negócios.

Saí daquele seminário com muitas amizades novas — algumas com pessoas que eram líderes na indústria do marketing pela internet. Eram pessoas que possuíam listas e contatos. Naquela época, eu ainda publicava conteúdos sobre a bolsa de valores e nem sequer pensava em entrar no nicho do marketing pela internet. Mas eu adorava conversar com meus novos amigos, devido à nossa paixão compartilhada pelo marketing e pelo desenvolvimento de negócios. Em algum momento, comecei a ajudar alguns deles a organizar o lançamento de seus produtos, e eles alcançaram um sucesso espetacular nessas situações. Aos poucos, a notícia de que aquele tal de Jeff Walker tinha uma técnica inteiramente nova, que poderia trazer lucros incríveis em um período bastante curto, foi-se espalhando entre as figuras mais importantes da nascente indústria do marketing pela internet. Eu não sabia disso na época, mas estava plantando as sementes para meu próximo negócio.

MEU PRIMEIRO
LANÇAMENTO CONJUNTO

Um dos componentes básicos de qualquer lançamento é a lista de potenciais clientes. Como mostrei no capítulo sobre o Seed Launch™, é perfeitamente possível fazer um lançamento em uma escala menor quando você está iniciando suas atividades, sem dispor de uma lista (ou dispondo apenas de uma microlista). Mas, se você pretende causar uma boa impressão no mercado, precisa de uma lista. Ora, há várias maneiras de se conseguir uma; mas a maneira mais rápida é usar listas já elaboradas e selecionadas por outras pessoas. Essa é a essência de um Lançamento Conjunto.

Em um Lançamento Conjunto, seus parceiros enviam um informe para suas respectivas listas de e-mails, comunicando que você está fazendo um lançamento. Se você vender algum produto para as pessoas indicadas por seus parceiros, fica devendo a eles uma comissão.

De modo geral, funciona assim: seus parceiros de empreendimento enviarão um e-mail para a lista e encorajarão os leitores a visitarem seu Conteúdo de Pré-Lançamento. Na maior parte dos Lançamentos Conjuntos, os parceiros de empreendimento encaminham a lista diretamente para sua página de captura, de modo que os visitantes tenham de se inscrever em sua lista antes de acessar o PLC. Ao longo do lançamento, você pode fazer um acompanhamento dos novos clientes, usando um software especial de rastreamento associado ao seu site (consulte a Página de Recursos, em http://thelaunchbook.com/resources) para verificar qual parceiro de empreendimento recomendou qual cliente em potencial. Então, quando chegar o momento da Abertura do Carrinho e você começar a vender, o software automaticamente rastreará quem indicou cada cliente novo, de modo que você possa pagar a comissão ao parceiro correto.

Um dos subprodutos mais poderosos ao se fazer um Lançamento Conjunto dessa forma é que você acaba construindo uma sólida "lista de lançamento" a partir de todas as indicações recebidas. E, após o lançamento, você poderá preservar essa lista. É a maneira mais rápida de ampliar uma lista. É claro que o tamanho dela depende inteiramente do seu nicho, de quem são seus parceiros e do tamanho da lista que eles possuem, mas é possível adicionar milhares de pessoas à sua lista em apenas alguns dias durante um Lançamento Conjunto.

Foi exatamente isso que aconteceu comigo. Pelo fato de eu haver criado vínculos com os líderes da indústria do marketing pela internet — e, em geral, ter-lhes ajudado bastante em seus lançamentos —, esses especialistas estavam prontos e dispostos a me ajudar. Assim, quando concebi a primeira parte do meu Conteúdo de Pré-Lançamento, boa parte das figuras mais importantes do mercado me apoiou, enviando e-mails para suas respectivas listas e informando sobre a existência do meu PLC. Em alguns dias, 8 mil pessoas já haviam se cadastrado em minha lista. E não parou por aí. Meus parceiros de empreendimento continuaram enviando e-mails durante o meu pré-lançamento, e eu cheguei à fase de lançamento com uma lista de e-mails contendo mais de 15 mil cadastrados. Era um número assustador. No meu antigo negócio no mercado de ações, operando em um nicho muito mais amplo, foram necessários anos até eu conseguir construir uma lista desse tamanho. E, agora, nesse novo negócio, eu havia feito isso em questão de dias — tudo por meio da força de meus parceiros de empreendimento.

E lá estava eu, em 21 de outubro de 2005, a apenas alguns minutos do horário de Abertura do Carrinho do meu lançamento... e, sim, eu estava com medo. Havia uma razão importante para esse medo.

Não é que eu duvidasse de minha capacidade. Eu sabia que poderia fazer um excelente lançamento e que eu tinha um excelente produto. O retorno que eu havia obtido durante o pré-lançamento me dizia que tudo o que se relacionava à minha oferta estava repercutindo em meus potenciais clientes. Portanto, era óbvio que meu lançamento estava funcionando muito bem.

Entretanto, pelo fato de se tratar de um Lançamento Conjunto, eu sentia uma dose a mais de responsabilidade. Meus parceiros haviam confiado em mim e oferecido seu apoio, e era minha tarefa retribuir aquela confiança. Abordarei esse tema mais detalhadamente em breve, mas é preciso cuidar dos relacionamentos estabelecidos nos empreendimentos conjuntos como se fossem ouro. Era por isso que eu me sentia mais nervoso ainda à medida que o tempo ia passando e a hora de abertura do carrinho se aproximava.

É que, se meus parceiros ainda tinham qualquer dúvida a respeito do resultado, elas foram dissipadas nos minutos seguintes ao lançamento. Na primeira hora, eu já havia vendido mais de US$70 mil. Ao fim do primeiro dia, depois de apenas 14 horas, as vendas haviam ultrapassado os US$200 mil. Quando encerrei o lançamento, uma semana depois, o volume total de vendas era superior a US$600 mil. Nada mau para começar um negócio — levando-se em conta, em especial, que era um mercado totalmente novo, com um produto totalmente novo e para o que eu não havia despendido um centavo sequer em publicidade. Fiz tudo isso do escritório da minha casa, nas montanhas do Colorado, e minha única equipe era a minha esposa, Mary, que me ajudava com o serviço de atendimento ao cliente. Não, não era nada mal para começar um novo negócio.

É lógico que o problema está nos detalhes e, assim como acontece com qualquer empreendimento comercial, certamente havia alguns custos envolvidos. Nenhuma daquelas vendas ia direto para o meu bolso. Um dos maiores custos em um Lançamento Conjunto são as comissões a serem pagas aos associados. Seus parceiros de empreendimentos conjuntos não enviarão e-mails por pura bondade para suas respectivas listas comunicando seu lançamento. O componente essencial de um Lançamento Conjunto, o que o torna benéfico para todas as partes, é que você rastreia de onde provêm as indicações e as vendas e paga comissões sobre aquelas efetivadas para os que o indicaram. Nesse caso, eu estava pagando 50% do valor das vendas para o parceiro que me havia indicado. Voltando àquele meu primeiro lançamento da Product Launch Formula™, o preço estava fixado em US$997, de modo que eu pagava uma comissão de US$498,50 sobre cada venda efetivada por indicação de um parceiro.

Com frequência, meus alunos me perguntam qual seria a comissão comum a ser oferecida aos parceiros de empreendimentos conjuntos. Minha resposta é sempre a mesma: não existe nada "comum". A comissão pode variar de acordo com o lançamento, o mercado, o nicho e, até mesmo, o próprio parceiro. A quantia que você paga e a forma exata como estrutura a compensação a seu parceiro de empreendimento conjunto é uma decisão comercial. Eu pude pagar uma comissão de 50% porque a margem sobre meu produto é relativamente alta. No meu negócio, todos os custos estão relacionados, de fato, à geração da indicação e à efetivação da venda. Mas outros negócios podem ser diferentes. Se você estiver vendendo bens materiais (computadores, grelhas para churrasqueira, umidificadores etc.), as comissões que você pagará serão consideravelmente menores. Há, inclusive, alguns mercados em que as comissões iniciais são muito superiores a 50%. Estariam incluídos aí aqueles negócios em que o faturamento é maior na "etapa final" das vendas — ou seja, no pós-venda que acontece depois da venda original.

Independentemente da forma como você estruture a compensação ao seu parceiro de empreendimento conjunto, uma grande vantagem desse tipo de promoção é que você paga a comissão DEPOIS da efetivação da venda. Compare essa situação com a da publicidade tradicional, em que você gasta uma grande soma de dinheiro antes de sequer saber se o anúncio funcionará. Seja na televisão, rádio, jornal, on-line, mala direta, páginas amarelas ou em qualquer outro meio, você gasta dinheiro e fica esperando que haja algum retorno para aquele investimento inicial. Nas relações estabelecidas com os parceiros de empreendimentos conjuntos ou associados, você paga unicamente com base nos resultados, e o pagamento é feito após a efetivação da venda.

ASSOCIADO OU PARCEIRO DE EMPREENDIMENTO CONJUNTO: QUAL É A DIFERENÇA?

Mas qual é a diferença exata entre um parceiro de empreendimento conjunto e um associado? Eles são basicamente a mesma coisa. Em qualquer um dos casos, trata-se de alguém que promoverá seu produto e receberá uma comissão se algum dos clientes potenciais que forem encaminhados até você comprar algo. Assim, se o Associado John encaminhar a Cliente em Potencial Alice ao seu site para conferir o produto e ela o comprar, você pagará ao Associado John uma comissão. É estabelecida uma taxa de comissão (uma porcentagem sobre o preço de venda ou uma quantidade prefixada em dólares por cada venda), e essa taxa faz parte do seu acordo com o Associado John.

A mecânica desse acordo é a mesma, seja com os parceiros de empreendimentos conjuntos, seja com os associados, e esses termos podem ser, de fato, utilizados de forma intercambiável. Entretanto, os termos "empreendimento conjunto" ou "parceiro de empreendimento conjunto" implicam, de modo geral, uma relação mais próxima. Eu conheço pessoalmente quase todos os meus parceiros de empreendimentos conjuntos e, durante um lançamento, me comunico de forma íntima com eles — sempre por e-mails e, com frequência, por telefone ou mensagens de texto. Muitos deles são meus amigos próximos.

POR QUE UM LANÇAMENTO CONJUNTO FUNCIONA

Quando analisamos todas as vantagens de um Lançamento Conjunto (maior volume de vendas, elaboração de listas de forma rápida e surpreendente, alto posicionamento no mercado), elas podem soar como a solução para os problemas de todo mundo. No entanto, há alguns elementos essenciais que precisam ser entendidos antes de se aventurar a fazer um Lançamento Conjunto, e há muitos erros que devem ser evitados. Portanto, vamos dar uma olhada neles, passo a passo.

A primeira coisa que precisa ser lembrada é que, assim como você, seus potenciais parceiros de empreendimentos conjuntos se dedicam aos negócios com a finalidade de lucrar. Se eles já dispõem de uma lista substancial e responsiva, esse é um recurso considerável, que consumiu muito tempo e investimento. Há grandes chances de que eles compreendam quanto essa lista é um recurso poderoso, de modo que não estarão interessados em enviar um informe para suas respectivas listas de e-mails para comunicar a existência de qualquer lançamento obsoleto que apareça pelo caminho. Em outras palavras, só porque você organiza uma Sequência de Lançamento e uma oferta, não espere que eles fiquem disputando entre si para decidir quem vai promovê-lo. Mas o fato é que, se eles possuírem uma lista consistente, provavelmente terão mais oportunidades de promover ofertas do que são capazes de abrigar. Essa é a realidade (e se eles não tiverem uma lista consistente, não serão parceiros muitos bons, logo você não deveria se preocupar com eles). É possível enviar e-mails para uma lista apenas umas tantas vezes, e, muito provavelmente, qualquer um que possua uma lista substancial receberá pedidos diários para promover os produtos de outras pessoas. Ser dono de uma boa lista é ser dono de um recurso escasso.

É aqui que uma Sequência de Lançamento bem elaborada mostra sua força. Considerando-se que uma Sequência de Lançamento é uma incrível máquina de conversão, você obterá alguns resultados extraordinários. E, em geral, isso significa comissões extraordinárias para seus parceiros de empreendimentos conjuntos. Uma das formas de medir isso on-line é por meio do EPC (Earnings per Click ou "ganhos por cliques"), que é o montante de comissões que alguém recebe por cada pessoa que clica em uma promoção. Portanto, se alguém envia cem cliques e esses cliques geram comissões de US$450 para o parceiro, trata-se, então, de um EPC de 450/100, ou um EPC de US$4,50.

Frequentemente, as pessoas me perguntam: "O que seria um bom EPC?" Não há uma resposta única para essa pergunta, porque um EPC variará conforme o mercado e a oferta. O importante é que, se o seu lançamento for capaz de gerar um alto EPC em relação às outras ofertas do mercado, será muito mais fácil convencer os parceiros a enviar e-mails em seu nome. E, mais uma vez, um sólido lançamento ao estilo PLF é um monstruoso gerador de EPC.

NÃO FAÇA TESTES COM AS LISTAS DE SEUS PARCEIROS

Se você pretende obter sucesso na indústria do empreendimento conjunto, será preciso construir relações de longo prazo com seus parceiros. Vejo muitas pessoas lidando com isso como se fosse um tipo de relação "pontual", o que dificulta bastante a longevidade do negócio.

A realidade é que, quando seus parceiros promoverem sua oferta, eles ficarão atentos aos seus próprios números, ou seja, ao seu próprio EPC. E eles também prestarão atenção no tipo de experiência que você proporcionará às pessoas que eles indicarem, porque essa experiência se refletirá neles. Se recomendarem seus vídeos aos cadastrados em suas respectivas listas de e-mails e se eles forem entediantes e sem conteúdo, isso causará um impacto negativo na avaliação que os visitantes farão do seu parceiro. Portanto, o parceiro está, de fato, arriscando a própria pele. Enviar um e-mail com informações a respeito do seu lançamento significa custos reais e riscos substanciais para seu parceiro. E, se os resultados de sua promoção não forem satisfatórios, provavelmente eles não farão outras promoções para você no futuro. Antes de pedir a alguém para enviar um e-mail em seu nome, você precisa certificar-se de que tem uma oferta que possa ser convertida em vendas.

Felizmente, há uma maneira fácil de verificar se seu lançamento trará resultados para um parceiro: realizar um Lançamento Interno primeiro. Em outras palavras, faça o lançamento inicialmente apenas para sua lista (mesmo que você tenha uma lista muito pequena). Dessa forma, você poderá testar suas Sequências de Lançamento e sua oferta. Assim, você conseguirá certificar-se de que tem uma oferta vitoriosa antes de pedir que seus parceiros de empreendimentos conjuntos se arrisquem a promovê-la para suas próprias listas.

Quando eu digo aos meus alunos para fazerem um Lançamento Interno primeiro, muitos querem dispensar esse pequeno ensinamento. Eles querem pular direto para a emoção e a glória (e os muitos dólares) do Lançamento Conjunto. Há muitas razões para se evitar isso. Quando um Lançamento Interno é feito, isso lhe dá a oportunidade de testar todos os sistemas e adquirir um pouco de experiência. Isso é muito importante, mas o fundamental mesmo é que você terá a oportunidade de testar sua oferta e sua Sequência de Pré-Lançamento para se certificar de que ela é vitoriosa. Essa é a questão — você nunca deve testar uma oferta com a lista de um parceiro. Você não vai querer que seus parceiros sejam sua cobaia. Se tiver uma oferta sem muitas chances de conversão, terá de ser o principal afetado.

Lembre-se: suas relações com os parceiros de empreendimentos conjuntos devem ser tratadas como se fossem ouro. Você precisa alimentá-las e celebrá-las, de modo que se transformem em relações de longo prazo. Já disse isso antes, mas é tão importante que vale a pena repetir: se você pedir a um parceiro de empreendimento conjunto para enviar uma oferta por e-mail em seu nome e ela não se converter em vendas, haverá uma grande probabilidade de que ele não envie mais nenhum e-mail de sua próxima oferta. Por outro lado, se você já tiver testado e comprovado sua oferta (ou seja, uma oferta que tenha sido submetida a um Lançamento Interno), e conseguir demonstrar esses resultados aos seus parceiros de empreendimentos conjuntos, eles ficarão muito mais interessados em enviar o e-mail. As chances de eles conseguirem ótimos resultados serão muito maiores. E, quanto melhores forem seus resultados, maior será a possibilidade de enviarem e-mails em seu nome no futuro.

OBTENDO PARCEIROS DE EMPREENDIMENTOS CONJUNTOS

É óbvio que o Lançamento Conjunto tem alguns benefícios verdadeiramente significativos; mas como fazer para atrair grandes parceiros de empreendimentos conjuntos? Esse é um tema importante, e já passei dias inteiros ensinando a estabelecer e alimentar relações nos empreendimentos conjuntos. Mas farei o possível para analisar esse assunto em poucas páginas.

Em primeiro lugar, entenda que não são necessários milhares, centenas, nem mesmo dezenas de parceiros de empreendimentos conjuntos. Sem dúvida, você já deve ter ouvido falar da regra de 80/20, que diz que 80% de seus resultados são fruto de 20% do seu esforço. Quando se trata de associados e de parceiros de empreendimentos conjuntos, a regra passa a ser, em geral, 99/1, em que 99% de seus resultados são fruto de 1% de seus parceiros. No meu ramo de negócios, somos extremamente seletivos em relação àqueles que escolhemos como parceiros — escolhemos apenas os parceiros líderes em suas áreas. E, mesmo assim, seja qual for o lançamento, a vasta maioria de nossas vendas será gerada pelos dez parceiros principais. Tudo se torna ainda mais seletivo no topo da pirâmide, em que os três principais associados podem ser responsáveis por um quarto de nossas vendas. A forma como esses números serão distribuídos em um lançamento específico variará amplamente, mas o que quero dizer é que seus principais associados gerarão a maior parte de suas vendas. Isso significa que você não precisa de muitos parceiros associados; precisa apenas de poucos e bons. Com frequência, os alunos me perguntam como podem conseguir cem ou mil associados. Sempre respondo que eles não precisam preocupar-se em conseguir isso tudo, mas em conseguir de três a cinco parceiros de alta qualidade, que realmente os apoiarão.

Encontrar parceiros potenciais é fácil. São aquelas pessoas que vêm publicando conteúdos no seu mercado. Basta digitar a palavra-chave do seu mercado no Google. Por exemplo, se o seu site ensina a tocar guitarra, faça uma busca com "aprender guitarra". Vá até os cinquenta primeiros nomes da lista e procure em seus respectivos sites se existe alguma forma de se inscrever. Se houver algum campo para adesão, isso significa que eles estão elaborando uma lista de e-mails e que serão parceiros potenciais de empreendimentos conjuntos. Nesse ponto, você deve ir adiante e se inscrever em todas as listas. Obviamente, se você aderir a cinquenta listas (e você deveria fazer isso), começará a receber muitos e-mails. Talvez seja melhor criar um endereço de e-mail específico para isso, de modo que sua caixa de entrada oficial não fique abarrotada.

Depois de aderir a essas listas, observe o que vem sendo enviado para seus respectivos cadastrados. Avalie quem e o que eles promovem. Preste atenção para identificar se são somente seus próprios produtos ou se há produtos de outros negócios. Avalie a qualidade de seu marketing, bem como a qualidade da relação que eles estabelecem com sua lista. Siga-os nas mídias sociais. Tente fazer a engenharia reversa de seu marketing e de suas ofertas.

O que você está tentando fazer é criar uma lista prioritária de parceiros potenciais. Não se esqueça: você precisa apenas de três a cinco parceiros de alta qualidade, mesmo que seja preciso aproximar-se de cinquenta parceiros potenciais até encontrar aqueles poucos que realmente farão a diferença no seu caso.

À medida que você for avançando nesse processo, lembre-se de que os melhores parceiros de empreendimentos conjuntos sempre serão aqueles em torno dos quais haverá o maior número de pessoas tentando convencê-los a promover suas ofertas, mais do que eles serão capazes de suportar. Essa é uma realidade dos negócios. O apoio que eles podem oferecer a seus parceiros de empreendimentos conjuntos é, de fato, um recurso escasso. Portanto, quando você for pedir que eles promovam seu produto, será apenas mais um urubu em torno da carniça. Isso significa que, se você quiser se destacar, precisará lhes apresentar algum valor.

Uma das melhores maneiras de criar valor para os potenciais parceiros é dispor de uma ótima Sequência de Lançamento, que gere muitas comissões para eles. Mas, antes de chegar a esse estágio, você precisa encontrar outras formas de fazer isso, simplesmente para que possa ser notado. Uma das melhores formas de agregar valor é promover o produto de seus potenciais parceiros primeiro — se você lhes proporcionar algumas vendas, definitivamente eles irão reparar em você. Outra coisa simples que você pode fazer é comprar o produto deles, utilizá-lo e, então, oferecer algum retorno construtivo e/ou um depoimento positivo. Pode também dar contribuições permanentes no blog ou nas mídias sociais dos parceiros potenciais. O ponto principal é que existem inúmeras formas de criar valor para um parceiro potencial — e, quanto mais valor você criar, mais obterá em troca.

US$1 MILHÃO EM 53 MINUTOS

Há poucas coisas capazes de causar um impacto tão grande no seu negócio (e em sua vida financeira) em tão pouco tempo quanto um Lançamento Conjunto bem-sucedido. E esse impacto vai muito além das vendas geradas no lançamento. O efeito no longo prazo do aumento de posicionamento em seu mercado e do rápido crescimento de sua lista repercutirá em seus negócios por muitos anos.

Mas, se você pretende ser bem-sucedido nos Lançamentos Conjuntos e nas relações estabelecidas com seus parceiros de empreendimentos conjuntos, é preciso ter em mente as duas coisas que enfatizei neste capítulo. Primeiro, você precisa construir relações de longo prazo com seus parceiros de empreendimentos conjuntos. E, em segundo lugar, deve criar um valor real, de longo prazo, para seus parceiros. Isso não significa que você levará anos para construir essas relações, nem que você esteja a anos de distância de um Lançamento Conjunto. Tudo isso pode acontecer de uma forma surpreendentemente rápida, mas é preciso esforçar-se, e você deve pensar por longo prazo.

Meu primeiro Lançamento Conjunto literalmente me estabeleceu no mundo dos negócios. Trata-se daquele que mencionei no início deste capítulo, quando lancei a Product Launch Formula™, em 2005, e o lançamento gerou mais de US$600 mil. Instantaneamente, eu estava inserido no ramo de vendas, com um punhado de parceiros felizes para quem eu pagara algumas comissões bastante elevadas. Isso também me proporcionou uma lista de mais de 15 mil pessoas e me rendeu um alto posicionamento no mercado. Depois disso, passei a ser visto como um dos líderes da indústria, e a Product Launch Formula™ se tornou uma marca reconhecida no mercado. As vendas continuaram a crescer e, no meu primeiro ano, consegui mais de um US$1 milhão em vendas. Todos esses resultados estavam relacionados àquele Lançamento Conjunto inicial.

Porém, isso foi apenas a preparação do terreno para o que estava por vir. No início de 2008, comecei a trabalhar em uma versão inteiramente nova: a Product Launch Formula™ 2.0. Reelaborei o produto do início ao fim, com base em tudo o que eu havia aprendido desde o primeiro lançamento da PLF. Com efeito, seria uma oferta totalmente nova, com conteúdo bastante ampliado, alguns bônus de alta qualidade e aulas a distância ao vivo, comigo e com meus instrutores. Nessa nova oferta, aumentei o preço para US$1.997 e, naturalmente, era hora de mais um poderoso Lançamento Conjunto.

Depois de mais de dois anos amparando e alimentando minhas relações nos empreendimentos conjuntos, havia muita gente disposta a me apoiar. Durante o pré-lançamento, conseguimos mais de 34 mil adesões — um número realmente incrível a se alcançar em questão de dias. Conforme eu analisava todos os dados que chegavam ao longo do pré-lançamento, ficou bastante claro que seria um lançamento excepcional. Mas nunca se sabe exatamente o que vai acontecer e, como sempre, eu estava bastante nervoso naquele dia. Parecia que todos os possíveis parceiros de empreendimentos conjuntos do mundo inteiro estavam promovendo o meu lançamento, e a PLF vinha se mostrando uma campeã de vendas havia anos. Tratava-se, porém, de uma nova oferta e de uma nova faixa de preço, por isso eu estava muito ansioso.

O dia do lançamento era 27 de março de 2008. Como costuma acontecer, os dias anteriores ao lançamento foram muito confusos. Sempre há muito o que fazer, especialmente durante um Lançamento Conjunto. E, na manhã do dia do lançamento, eu estava, como de hábito, com os nervos à flor da pele. Mas nem pude me deter muito nisso, porque havia inúmeros detalhes de última hora para acertar. Lembro que os minutos anteriores ao lançamento foram um caos completo, enquanto retocávamos a carta de vendas e o formulário de pedidos. E, então, a hora havia chegado. Todos os sistemas estavam funcionando, e eu pressionei o botão "enviar" no e-mail.

Não precisei esperar muito. Os pedidos começaram a aparecer em questão de segundos. Eles foram se acumulando com tanta rapidez que eu mal conseguia atualizar as estatísticas na minha página. Mais tarde, quando voltei e analisei os dados, descobri que, em um único segundo, havíamos conseguido vender mais de US$12 mil. US$12 mil em um segundo! Alcançamos US$1 milhão em 53 minutos. E as vendas não pararam por aí. Quando encerrei o lançamento, depois de um período de apenas 34 horas aberto, estávamos em US$3,73 milhões.

É claro que nem tudo isso era equivalente a lucro. Naquela época, eu tinha uma pequena equipe de três contratados (embora ainda estivesse trabalhando no escritório da minha casa e aquela equipe fosse toda "virtual"). Eu tinha de pagar as comissões para os associados. E havia outros custos incidentes. Considerando-se que eu sempre oferecia uma generosa garantia de reembolso, sabia que haveria algumas devoluções. Mas, ainda assim, os números eram bastante impressionantes. Eu me lembro claramente de que, apenas alguns anos antes disso, meu grande sonho era conseguir ganhar US$10 mil a mais por ano no meu negócio para ajudar a sustentar minha família. Ou, ainda mais recentemente, quando tive de começar de novo depois da implosão do meu primeiro negócio, logo após aquele malfadado telefonema do meu parceiro. E, agora, aqui estava eu, com um lançamento que havia conquistado quase US$4 milhões em apenas 34 horas. Surreal.

Esse é o poder do Lançamento Conjunto. Trata-se simplesmente da arma mais poderosa de todo o arsenal da PLF. Há apenas uma coisa que supera o Lançamento Conjunto: a Business Launch Formula™...

11. Criando um negócio a partir do nada: a Business Launch Formula™

Como se reinventa um negócio quando os acontecimentos do mundo são totalmente inesperados? Quando alguém joga um avião contra um prédio e isso ameaça todo o seu modelo de negócios?

Ruth Buczynski é licenciada em psicologia e administra o National Institute for the Clinical Application of Behavioral Medicine (NICABM.com, ou, em português, Instituto Nacional para a Aplicação Clínica da Medicina Comportamental). O NICABM é um centro pioneiro, líder no campo da medicina da mente-corpo-espírito, reconhecido pela formação contínua de profissionais de cuidados de saúde e cuidados mentais há mais de vinte anos.

Desde que deu início à sua empreitada, Ruth já ajudou dezenas de milhares de psicólogos, terapeutas, assistentes sociais, médicos e enfermeiros a se aprimorar em suas habilidades e a atenderem melhor seus pacientes, especialmente por meio de conferências ao vivo. Suas palestras costumavam atrair até mil participantes de todo o mundo, e ela reunia os melhores especialistas para oferecer um treinamento de ponta.

O negócio de Ruth estava indo muito bem até 11 de setembro de 2001. Os ataques terroristas daquele dia viraram de cabeça para baixo as vidas de muitas pessoas, trazendo uma série de consequências imprevistas. Um dos impactos foi que muitas pessoas começaram a reduzir suas viagens a trabalho, o que afetou muitos negócios, inclusive o de Ruth. Sua fonte primária de vendas e faturamento eram as conferências — e estava se tornando cada vez mais difícil convencer as pessoas a embarcar em um avião e viajar para participar de eventos presenciais. Embora o negócio ainda fosse rentável, Ruth não estava gostando do rumo que suas vendas e seus lucros estavam tomando.

E a vida havia reservado outro enorme desafio para ela. Mais ou menos na mesma época, o parceiro com quem ela vivia por muitos anos perdeu uma prolongada batalha contra uma doença terminal.

Quando Ruth emergiu de um intenso período de luto, encarou o negócio com novos olhos e percebeu que algumas coisas precisavam mudar. Os lucros estavam diminuindo, e ela estava tendo mais dificuldades para preencher as vagas de seus eventos. Nesse momento, Ruth entendeu que a internet poderia ser um novo caminho para ela. Decidiu começar a criar eventos "virtuais", em vez de eventos ao vivo, presenciais.

Ruth vende, principalmente, para profissionais da saúde. Uma pequena porcentagem de seus clientes é formada por leigos, mas a grande maioria são profissionais habilitados nessa área. Ela oferece formação contínua para psicólogos, médicos, enfermeiros, terapeutas e assistentes sociais. Seu marketing precisava ter uma aparência e uma sensação bastante profissionais, mas, ainda assim, efetivar as vendas. Era uma combinação perfeita para a Product Launch Formula™.

O MINISTÉRIO DA SAÚDE ADVERTE: VOCÊ NÃO SABE QUEM ESTÁ ACOMPANHANDO SEU PRÉ-LANÇAMENTO

A conferência on-line de Ruth mostrou-se bem-sucedida desde o início. Sob muitos aspectos, o que ela faz em cada uma de suas conferências é promover um lançamento ao estilo clássico da PLF. Ela publica o Conteúdo de Pré-Lançamento em três partes — de modo geral, utilizando vídeos, mas, vez por outra, um boletim em PDF. Em seu recente treinamento de "Ciência Cerebral", por exemplo, a primeira parte do PLC foi um vídeo, *As duas coisas que você pode fazer hoje para o seu cérebro*. Esse vídeo gerou mais de mil comentários.

Depois de fazer um pré-lançamento padrão ao estilo PLF, Ruth abre as inscrições para seu evento virtual, que é uma série de apresentações on-line, em que as pessoas podem se inscrever e participar gratuitamente. Ruth realiza suas vendas no nível "Ouro", que inclui as gravações de apresentações on-line, assim como transcrições e outros bônus.

Vale a pena observar que, apesar de ser licenciada em psicologia, Ruth não é a "especialista" dos treinamentos que oferece. Ao contrário, ela convida especialistas mundiais, como Daniel Amen, Ram Daas e Daniel Goleman.

Também é importante observar que, na verdade, Ruth oferece gratuitamente a maior parte de seu conteúdo — se você quiser participar das apresentações on-line, é possível assistir sem gastar um único dólar. Mas muitas pessoas pagam pelos benefícios e bônus extras que são oferecidos no nível Ouro.

Em função do sucesso desse modelo, Ruth expandiu seus negócios. Hoje em dia, ela organiza de três a quatro eventos virtuais diferentes por ano, incluindo um sobre consciência plena, outro sobre ciência cerebral e mais um sobre tratamento de traumas.

Coloquemos tudo isso em perspectiva — Ruth produz cifras astronômicas. Em um de seus mais recentes treinamentos, ela conseguiu reunir 9 mil pessoas (de setenta países diferentes) que se conectaram para acompanhar uma de suas apresentações on-line. Esses números assumem um significado ainda maior quando se considera que a vasta maioria dos ouvintes é formada por profissionais da saúde. Ruth não está comercializando para o grande público e, assim, o universo de pessoas para as quais ela pode vender é muito menor.

E, recentemente, Ruth se deu conta de outra medida do seu impacto, ao ser convidada (junto com outros líderes de sua área) para um encontro cuja finalidade era discutir formas de ajudar o Exército dos Estados Unidos a prestar serviços de saúde mental para suas tropas. No encontro, Ruth conheceu o Diretor-Geral de Saúde do Exército (um general de três estrelas), que lhe disse: "Eu costumo ler seus e-mails."

Em outras palavras, o Diretor-Geral de Saúde do Exército dos Estados Unidos estava acompanhando o Conteúdo de Pré-Lançamento de Ruth!

É evidente que a melhor notícia é que o negócio de Ruth não apenas sobreviveu à transição dos seminários ao vivo, presenciais, para os treinamentos centrados em apresentações on-line, como também prosperou. Nos últimos três anos, seu negócio cresceu 160% e, todos os anos, ela ajuda diretamente dezenas de milhares de pessoas. E esses profissionais de saúde usam o treinamento de Ruth para auxiliar centenas de milhares de pacientes.

A história de Ruth é a da completa reinvenção do negócio. A forma de oferecer o produto mudou da conferência ao vivo para a conferência virtual. Seu marketing mudou da mala direta para o lançamento on-line. Ao longo do percurso, ela aumentou seus lucros, expandiu seu alcance e reduziu os riscos de seu negócio.

A FÓRMULA COMPROVADA... AMPLIADA

A esta altura, já sabemos que a PLF é uma incrível ferramenta para o lançamento de produtos e serviços. Agora, quero falar sobre como aprimorá-la, com aquilo que chamo de Business Launch Formula™ (BLF, na sigla em inglês). É uma forma de utilizar os conceitos essenciais da Product Launch Formula™ e desenvolver (ou expandir) um negócio inteiro.

Nos capítulos anteriores, compartilhei a maior parte da minha história pessoal — a louca jornada do Sr. Mamãe, que ficava em casa tomando conta de dois bebês, até a construção de um negócio multimilionário que causou um impacto em centenas de milhares de pessoas. Se eu tivesse escrito um livro contando essa história, ninguém teria acreditado.

Mas a história é muito maior do que eu, porque a PLF não tem a ver apenas com o lançamento de produtos. Ela tem a ver com o lançamento de negócios... ajudando, até mesmo, a fazer com que as pessoas tenham a vida de seus sonhos.

Você conheceu a história de John Gallagher, cuja família vivia com a ajuda do bolsa-alimentação quando ele pediu dinheiro emprestado para adquirir a Product Launch Formula™. Hoje, ele construiu um sólido negócio, que vende uma linha inteira de produtos e emprega seis pessoas.

A história de Susan Garrett, que conseguia ajudar apenas dezenas de donos de cães por ano e passou a oferecer os mesmos serviços para milhares de pessoas. Ela também conseguiu reduzir drasticamente a quantidade de viagens que era obrigada a fazer, ao mesmo tempo que aumentou bastante seu faturamento. Em outras palavras, ela ajuda mais pessoas, tem uma qualidade de vida melhor e ganha mais dinheiro — uma combinação que não é nada ruim.

E a história de Will Hamilton, que deixou de ser um instrutor de tênis recém-saído da universidade, com um precário site de aulas de tênis, para trabalhar com alguns dos maiores profissionais de tênis do mundo — ajudando-os a levar seus conhecimentos e sua sabedoria ao mundo inteiro.

Em respeito à privacidade de meus clientes, não revelarei os resultados financeiros que cada um deles vem obtendo em seus negócios. Mas a maioria das pessoas ficaria bastante surpreendida com o volume de suas vendas e lucros.

Mas como eles fizeram isso?

A BUSINESS LAUNCH FORMULA™

Com o Programa de Treinamento da Product Launch Formula™, meu trabalho é ensinar as pessoas a começarem e expandirem seus negócios, especificamente seus negócios on-line. Eu as ensino a fazer isso no contexto do lançamento de um produto. Mas o treinamento é muito mais profundo. Na verdade, gosto de pensar nisso como se eu as estivesse ajudando a reprogramar todo o seu DNA empresarial. Quando elas aprendem as estratégias e as táticas que estão por trás da PLF, normalmente começam a aplicar essas ferramentas em todas as áreas do seu negócio.

Quando alguém adere ao meu programa da PLF, o objetivo pessoal é fazer com que seu lançamento consiga vender, em uma única semana, o equivalente a um ano. Trata-se de um objetivo bastante ambicioso, e nem todos o atingem. Na verdade, isso quase nunca acontece no primeiro lançamento. Mas o importante é que um primeiro lançamento bem-sucedido não será o último.

E é por isso que existe um grupo de alunos da PLF — como John Gallagher, Susan Garrett, Will Hamilton e Ruth Buczynski — que conduz o lançamento a um nível totalmente diferente. Eles usaram o que chamo de Business Launch Formula™. Eis aqui como isso funciona...

DA BOLSA-ALIMENTAÇÃO AOS SEIS DÍGITOS (E MAIS ALÉM)

Vamos começar com John Gallagher. Como foi dito anteriormente, seu primeiro lançamento foi um jogo de tabuleiro que apresentava às crianças o mundo das plantas e ervas comestíveis e medicinais. Esse lançamento lhe rendeu grande prestígio e também o ajudou a adicionar muitas outras indicações à sua lista. Ele aproveitou o impulso desse lançamento e o usou para vender seu kit de ervas, um produto físico contendo os componentes necessários para criar remédios caseiros a partir de ervas.

Tudo isso o auxiliou a elevar sua envergadura e seu posicionamento no mercado, o que, por sua vez, o fez ampliar ainda mais a sua lista. E, a cada lançamento, a incrível interação com sua lista (isto é, o diálogo de lançamento) o ajudava a identificar qual deveria ser o produto seguinte. Por que tentar adivinhar qual será o produto seguinte quando seus potenciais clientes e também atuais já estão lhe dizendo o que querem?

Naquele momento, então, John elaborou um produto inteiramente novo: o site de cadastramento LearningHerbs.com. Naturalmente, ele organizou o lançamento do site, e o sucesso foi enorme. Ele usou todos os conhecimentos e habilidades acumulados em seus lançamentos anteriores e realizou seu melhor lançamento até hoje. Centenas de pessoas se tornaram assinantes de seu site. Os lançamentos subsequentes elevaram esse número de cadastrados a milhares de pessoas que pagam, cada uma, cerca de US$12 por mês para acessar o site.

O site lhe proporcionou uma receita mensal recorrente, bastante significativa e automática — um fluxo de rendimentos com os quais ele poderia contar. Esse fluxo significava que ele poderia começar a contratar pessoas e, lentamente, John começou a montar sua equipe.

O lançamento do site não apenas fez sua lista aumentar como ampliou seu posicionamento no mercado. Hoje em dia, John é uma das figuras mais importantes do mercado de formação em medicina herbórea. É claro que John nunca se autoposicionou como especialista; ele é, antes, a pessoa que leva os especialistas até seus seguidores. Ainda assim, sob o aspecto comercial, John é, nitidamente, um líder em seu mercado.

Isso lhe permitiu criar videoaulas com alguns dos maiores especialistas em seu nicho. Portanto, agora, algumas vezes por ano, John lança um produto inteiramente novo, criado em conjunto com um grande especialista da indústria. Além disso, John costuma relançar seu site de cadastramento uma vez por ano. Isso significa que, a cada ano, John faz dois, três ou talvez até quatro lançamentos. E, considerando-se que ele sempre oferece um alto valor em seus pré-lançamentos, cada um deles faz sua lista e seu posicionamento no mercado chegarem a níveis ainda mais altos.

Quando você oferece continuamente um valor ao mercado, está construindo uma relação permanente com seus clientes atuais e potenciais. Você também está estimulando o diálogo com eles, o que significa que está sempre tendo ideias para novos produtos e promoções. Essa é uma fórmula vitoriosa para um negócio em constante expansão. Essa é a Business Launch Formula™.

UMA VIDA DE CÃO...
SE TORNOU MAIS FELIZ

A versão de Susan Garrett parece ligeiramente diferente, mas a estratégia subjacente é bastante similar. Quando ela colocou as mãos pela primeira vez na Product Launch Formula™, seu objetivo inicial era ganhar dinheiro suficiente para pagar o curso da PLF antes que a fatura de seu cartão de crédito chegasse. Ela reuniu, então, uma série de artigos escritos ao longo dos anos e os organizou em um simples e-book, vendido a US$14,97. Esse lançamento inicial angariou US$27 mil em vendas — um valor consideravelmente mais alto do que o custo de sua formação.

Mas a coisa mais importante que Susan aprendeu com seu primeiro lançamento foi que o processo funcionava. E, com seu histórico de competitividade, ela sabia que poderia aprimorar-se nisso — muito mais.

Logo após o primeiro lançamento, ela produziu um novo DVD de treinamento. Antes, Susan costumava vender seus DVDs principalmente por meio dos serviços de distribuidores, mas agora que já possuía a base de uma lista de e-mails, decidira vendê-los por conta própria. Ela organizou um lançamento simplificado e, em três dias, conseguiu vender mais DVDs do que jamais havia vendido durante um ano inteiro com seu distribuidor.

Depois disso, Susan decidiu dedicar-se seriamente à criação de novidades centradas em informação. Hoje, ela já concebeu inúmeros produtos de treinamento em vídeo, todos oferecidos on-line. Com esses produtos eletrônicos, ela não precisa preocupar-se com os custos de produção dos DVDs ou com as chateações envolvidas no trato com um distribuidor. Ela vende seus cursos de formação diretamente para os clientes, que os acessam on-line.

Susan abre novas turmas várias vezes por ano, sempre fazendo uso da PLF para oferecer um excelente valor ao longo do pré-lançamento — e para preencher todas as vagas dos programas. O mais impressionante é que seu negócio se tornou 16 vezes maior do que era antes da PLF, o que lhe permitiu montar uma pequena equipe, que a ajuda a aprimorar continuamente o valor oferecido em seus treinamentos.

Além do sucesso financeiro de seu negócio, Susan também pôde conquistar um estilo de vida mais simples, praticamente se libertando das viagens. Hoje em dia, ela viaja somente para participar de competições e, assim, tem conseguido passar mais tempo em casa com o marido. O sucesso fez com que ela aumentasse bastante seu impacto positivo no mundo e a aproximou de um objetivo maior: ajudar todos os cães e donos de cães a levarem uma vida mais feliz.

DE UM RECÉM-FORMADO A UM MAGNATA DAS NOVAS MÍDIAS?

O caminho trilhado por Will Hamilton em seu negócio é mais um exemplo da Business Launch Formula™. Ele começou com um lançamento de US$35 mil — uma vitória significativa, que lhe proporcionou um negócio economicamente viável, depois de um ano inteiro de luta. E ele usou tudo o que aprendeu naquele lançamento para organizar os três seguintes, que lhe renderam um total de mais de US$340 mil.

Tais lançamentos selaram seu posicionamento como líder no mercado das aulas de tênis on-line e ampliaram substancialmente sua lista de e-mails. Will não era mais um jovem recém-saído da universidade, dono de um site de tênis. Ele havia se tornado uma das figuras mais preponderantes no mercado de aulas de tênis.

Os resultados dos lançamentos de Will e a posição conquistada com eles o ajudaram a estabelecer convênios com os principais tenistas profissionais — primeiro, com os Irmãos Bryan (a principal dupla masculina profissional de todos os tempos) e, depois, com Pat Rafter (classificado como o número um do mundo). E esse não é o fim das parcerias e dos convênios; Will está negociando com outros grandes tenistas profissionais e vem considerando, inclusive, ir além do nicho do tênis para começar a trabalhar com atletas profissionais de outros esportes.

LANÇAMENTO: NÃO SE TRATA MAIS APENAS DE PRODUTOS

Os quatro exemplos deste capítulo mostram quanto a Business Launch Formula™ é poderosa — ela tem a ver com o desenvolvimento de todo um negócio, baseando-se no aprendizado da Product Launch Formula™.

A essência da PLF é oferecer algo primeiro e sugerir a venda depois. Você constrói uma relação, como se fosse um conselheiro que inspira confiança (ou, até mesmo, um amigo), antes de partir para a transação. Você oferece um excelente valor, de forma que a venda seja realizada antes mesmo de o pedido de compra ser apresentado. Sob muitos aspectos, não é muito diferente do que os melhores vendedores vêm fazendo há milhares de anos.

Porém, com a Product Launch Formula™, você consegue fazer isso em uma escala que, de fato, não era possível anteriormente. É como combinar a eficácia de uma venda presencial com o alcance da televisão.

E ela não é tão eficaz quanto uma excelente apresentação de vendas presencial. E não possui o alcance de uma grande rede de televisão. Mas reúne grande parte do poder e das vantagens de ambas.

A Business Launch Formula™ é uma extensão natural da PLF. É uma questão de usar os princípios do lançamento e ampliá-los, a fim de desenvolver um negócio completo.

SEIS PRINCÍPIOS BÁSICOS DA BUSINESS LAUNCH FORMULA

Princípio nº 1: Sempre ofereça um Conteúdo de Pré-Lançamento de alta qualidade em seus lançamentos

Antes de mais nada, você deve oferecer um alto valor ao mercado com seus lançamentos. Isso significa disponibilizar um excelente Conteúdo de Pré-Lançamento, que proporcione um valor em si mesmo, quer os clientes potenciais comprem ou não. Não estou falando nenhuma novidade — já insisti bastante nesse ponto ao longo do livro.

Nem todos os seus potenciais clientes comprarão com você durante o lançamento. Na verdade, em quase todos eles, a vasta maioria não comprará nada. Há muitas razões para isso, mas uma das mais comuns é que o momento não é o mais indicado. Se você estiver vendendo vestidos de casamento e seu potencial cliente não for se casar no próximo ano, provavelmente você não conseguirá realizar a venda.

No entanto, na atual situação do mercado, em que qualquer um pode publicar conteúdo nas mídias sociais, e fazer com que sua voz se destaque se quiser, contar com centenas ou milhares de fãs ardorosos é um benefício de grande alcance. As relações construídas durante o lançamento podem ter um efeito ampliado. Cada um dos clientes potenciais possui um impacto viral potencial em seu negócio, de modo que conquistar fãs nunca foi tão fundamental para o sucesso quanto é hoje em dia.

E não se engane: oferecer um valor real no pré-lançamento tem efeito duradouro. Algumas pessoas me acompanharam em vários pré-lançamentos antes de se sentirem aptas a comprar. Mas, no momento certo, se lembraram de mim. Eu havia oferecido um alto valor e inspirado um grau significativo de confiança e, por isso, elas voltaram e compraram de mim.

Princípio nº 2: Nunca deixe de elaborar sua lista e de investir em sua relação com ela

Após construir uma lista afetiva (mesmo que seja uma lista pequena, com algumas centenas de cadastrados), você perceberá que, agora, seu destino está em suas mãos. A habilidade de redigir um e-mail, enviá-lo para sua lista e observar as respostas em poucos segundos mudará o que você acredita ser possível fazer. E, a esta altura, você estará muito empenhado em elaborá-la.

Evidentemente, a expressão "sua lista" é bastante simplista. Como mencionei no capítulo 3, haverá muitas listas. Mas, em termos gerais e abrangentes, me refiro ao universo de suas listas, que se tornará o recurso mais valioso no seu negócio. E, à medida que você a for elaborando e investindo as relações com ela, desenvolverá seu negócio.

Cada interação com a lista fará estreitar ou enfraquecer a relação com ela. Isso não significa que você deve apenas enviar conteúdos, sem nunca sugerir a venda. Isso significa oferecer valor *e* realizar a venda. Lembre-se de que, quando uma pessoa deixa de ser um cliente em potencial para se tornar um cliente real, isso aumenta o valor daquela relação, mais do que qualquer outra coisa. Quando um cliente em potencial compra de você, haverá mais probabilidades de ele comprar no futuro e numa faixa de preço maior. Também será mais provável que ele indique outros clientes para você.

Princípio n° 3: Faça mais de uma oferta

Isso acontece com quase todos os que passam pelo processo da PLF. Em meio ao primeiro lançamento, surgirá ao menos uma grande ideia para sua oferta ou produto seguinte. Isso se deve ao diálogo de lançamento — seu processo de lançamento cria uma boa dose de interação com os clientes potenciais, e você recebe muitas ideias e sugestões. Muitas ofertas, provavelmente, vão se prestar a lançamentos periódicos (como as conferências anuais de Ruth Buczynski). De modo geral, os Proprietários da PLF farão de três a quatro lançamentos por ano e, algumas vezes, até mais do que isso.

Em meus múltiplos negócios, descobri que o ponto ideal é fazer entre dois e quatro lançamentos por ano. Normalmente, um ou dois deles são grandes Lançamentos Conjuntos (vide capítulo 10), que aumentam bastante a lista e geram muitas vendas. E os outros são Lançamentos Internos menores, que me ajudam a refinar as novas ofertas e produtos antes de implementá-los como Lançamentos Conjuntos.

Princípio nº 4: Circle of Awesome™: do Seed Launch™ ao Lançamento Interno e ao Lançamento Conjunto

Há um ciclo de lançamentos que funciona muito bem. Eu o batizei de Circle of Awesome™. Sei que não é o termo mais correto gramaticalmente, mas o inventei com a ajuda do meu filho. E o que lhe falta em correção gramatical mais do que sobra em... bem, excelência.

Funciona da seguinte forma: você tem uma ideia para um novo produto e usa, então, um Seed Launch™ para ajudar a concebê-lo. O Seed Launch™ (vide capítulo 9) é ótimo para conseguir seus primeiros clientes, certificar-se de que existe uma demanda e criar um bom produto.

Depois dessa fase, você pega o produto acabado e faz um Lançamento Interno com sua lista. Nesse momento, você elabora toda uma Sequência de Pré-Lançamento e aciona, efetivamente, seu Lançamento. Por sua própria natureza, o Lançamento Interno trará, em geral, muito mais resultados financeiros do que o Seed Launch™.

Então, se os resultados do seu Lançamento Interno forem satisfatórios, parta para o Lançamento Conjunto. Você está de posse dos dados e das medições do Lançamento Interno para mostrar aos parceiros potenciais e já testou exaustivamente suas Sequências de Pré-Lançamento e de

Lançamento. O Lançamento Conjunto envolve a conjugação de muitas outras partes, mas, considerando-se que você já fez quase todo o trabalho no Lançamento Interno, é muito mais fácil administrá-lo. E, de modo geral, os resultados de um Lançamento Conjunto bem-sucedido costumam ser exponencialmente maiores que os de um Lançamento Interno.

Apenas para fechar o circuito, depois de passar por essas sequências de lançamentos, normalmente você terá várias ideias para o seu produto seguinte. É aí que você dá um passo atrás e testa uma de suas novas ideias com um Seed Launch™, e começa todo o processo mais uma vez. A única diferença é que, agora, você terá muito mais experiência, uma lista provavelmente muito mais extensa e vários parceiros de empreendimentos conjuntos que estarão satisfeitos com você e dispostos a promover seu próximo Lançamento Conjunto.

É um ótimo circuito, que pode ser excelente.

Princípio nº 5: Relançamentos e Lançamentos Perenes

Os relançamentos podem ser muito eficazes — basta observar o caso de Barry Friedman (capítulo 4). Ele lançou seu curso de Projeto de Showbiz várias vezes seguidas. As turmas de tamanho reduzido permitiram que o nível de interação se mantivesse alto, por isso ele poderia cobrar um preço diferenciado. Isso também fez com que a demanda permanecesse alta e, assim, ele pôde continuar relançando a oferta.

Parte da eficácia dos relançamentos dependerá da permanente elaboração das listas. Se você conseguir adicionar as novas indicações à sua lista e se já tiver uma Sequência de Lançamento comprovada, terá grandes chances. Você pode fazer relançamentos periódicos ou usar um Lançamento Perene.

Na verdade, o Lançamento Perene vai além do escopo deste livro, mas, com ele, à medida que as novas indicações forem acrescentadas à lista, serão encaminhadas à sua própria Sequência de Lançamento, no momento em que aderirem à lista.

Princípio nº 6: Cuide bem de seus clientes e promova novos lançamentos para eles

Esta é uma verdade universal no mundo dos negócios: é muito mais fácil vender para alguém que já comprou de você antes do que gerar um cliente novo.

Os números exatos podem variar, mas são sempre espetaculares. Com base em minha experiência nos mais variados negócios on-line, é cerca de QUINZE vezes mais fácil realizar uma segunda venda para a mesma pessoa do que conquistar um novo cliente.

Isso significa que você precisa certificar-se de que está cuidando bem de seus clientes. Sou partidário da superação das expectativas em relação àquilo que prometo. É algo que planejo com antecedência. Quando estou concebendo uma nova oferta, costumo omitir alguns itens de bônus. Não os coloco na oferta, nem falo sobre eles durante a venda. E, então, em algum momento após a compra, surpreendo meus clientes com esses bônus extras.

Até o consumidor mais calejado ficará encantado ao receber um bônus extra que não havia sido prometido. E, de modo geral, é incrivelmente fácil surpreender e encantar clientes — não é preciso quebrar a cabeça para fazer isso quando você estiver oferecendo mimos extras.

Não é difícil impressionar clientes. Ofereça-lhes o que prometeu, um excelente serviço de atendimento ao cliente e, depois, uma ou duas surpresas extras ao longo do percurso. Faça isso e você será recompensado cem vezes. Seus clientes não apenas ficarão preparados para o lançamento seguinte, como também se tornarão fãs ardorosos, que o apoiarão.

A FÓRMULA QUE LANÇOU MILHARES DE NEGÓCIOS

Neste capítulo, não pude fazer jus à Business Launch Formula™. Ela é muito maior que isso. Em função da necessidade, este capítulo deu uma visão geral, a 9 mil metros de altitude. Mas trata-se de um processo comprovado, que meus clientes já utilizaram inúmeras vezes, com um êxito constante. Eles iniciam com a Product Launch Formula™ e a aprimoram. O que ajuda a desenvolver seus negócios não é o lançamento único de um produto, mas uma série deles. Cada lançamento se estabelece sobre o sucesso alcançado no anterior. As listas ficam maiores, as ofertas vão melhorando, há mais compradores antigos e o apoio dos parceiros de empreendimentos conjuntos fica mais sólido. Essa é a Business Launch Formula™ em ação.

12. Criando um negócio que você adora

Uma consequência natural do meu negócio é que consigo ter uma visão privilegiada do funcionamento de muitos outros e dos empreendedores que os criaram e os administram. Esse é o assunto dos próximos dois capítulos. Uma coisa é construir um negócio — mas outra, bem diferente, é construir um negócio e uma vida que você adore de verdade. Já percebi que muitas pessoas acabam apenas tolerando os negócios que elas próprias criaram. Ou, pior, pessoas que montam negócios dos quais não gostam nem um pouco, ou até mesmo odeiam. Em ambos os casos, não é uma situação muito boa.

É compreensível. Muitas pessoas estão como eu quando comecei... desesperadas para fazer o negócio funcionar e dar conta das responsabilidades. Qualquer negócio rentável parecerá ótimo quando você está se esforçando para pagar as contas e pôr comida na mesa.

Mas, para a maioria das pessoas, assim que a questão financeira começa a ser equacionada, os lucros deixam de ser a parte mais relevante dos negócios. É nesse momento que a maior parte delas pode se perguntar: "Mas é só isso?"

Do meu ponto de vista, se você vai se dedicar de corpo e alma a um negócio, talvez seja melhor criar um que você adore. Um dos melhores aspectos de ter o próprio negócio é que, em grande medida, é você mesmo quem estabelecerá suas regras, logicamente dentro dos limites éticos e legais. Então, por que não estabelecer um conjunto de regras por meio das quais você possa se sair vitorioso? Por que não aumentar as chances a seu favor?

Sei que corro o risco de soar como aquele carpinteiro que só sabe usar um martelo e para quem todo problema é um prego, mas a Product Launch Formula™ é a ferramenta que vai fazê-lo encontrar o negócio que você adora. O primeiro passo é definir qual será a cara do seu negócio...

SEU "GRANDE PORQUÊ"

Para encontrar um negócio que você adore, a primeira coisa que precisa definir é o "porquê" desse negócio.

Se for apenas para ficar rico, tudo bem. Ganhar muito dinheiro é muito bom. Gosto de pensar no dinheiro como liberdade e energia acumuladas e adoro ter muita liberdade e energia. Como se costuma dizer, ter pouco dinheiro é um problema, assim como ter muito dinheiro.

Mas prefiro os problemas que surgem quando se tem muito dinheiro.

O que percebi a respeito do dinheiro é que, quando as pessoas chegam a determinado nível de êxito financeiro, começam, de modo geral, a se preocupar com outras coisas na vida. Uma grande força motriz da minha vida, por exemplo, é causar impacto positivo no mundo, principalmente pelo auxílio prestado a empreendedores. Conheço pessoas que se sentem motivadas a montar uma grande equipe — oferecer empregos e espaço suficiente para que seus funcionários se desenvolvam. Outras podem se interessar pela criação de grandes tecnologias. Ou pelo treinamento de pessoas. Ou pela redução do sofrimento.

Eu poderia prosseguir com a enumeração, mas você já entendeu o que quero dizer. Em algum momento, normalmente surge um propósito mais nobre do que adquirir mais dinheiro e mais coisas.

O fato é que seu "porquê" específico não vai fazer muita diferença. O importante é que você o descubra. Como diz o ditado, "se você não sabe para onde vai, qualquer caminho serve".

Em minhas oficinas de PLF Presencial, ensino um procedimento por meio do qual os clientes conseguem encontrar seu "Grande Porquê", e esse é um dos exercícios mais potentes de todo o evento. Quando você descobre o seu "porquê", tudo se torna eminentemente mais poderoso.

ATRAIA OS CLIENTES QUE VOCÊ QUER

A realidade é que nem todas as pessoas são criadas da mesma forma, e isso é duplamente verdadeiro quando se trata de clientes. Alguns serão ótimos clientes, outros não. Haverá pessoas que se identificarão com seu trabalho, com seus produtos, com suas ofertas... e outras não.

Não estou julgando essas pessoas. Sei que algumas delas gostarão do meu estilo, e outras não. Algumas pensarão que eu não sou suficientemente formal, que sou muito descontraído, que eu deveria usar roupas diferentes ou ser mais jovem ou mais velho, ou seja lá o que for. Não vejo problema nisso, porque sei que, durante o processo de lançamento, acabarei atraindo naturalmente os clientes que se relacionam bem comigo.

Na verdade, acredito profundamente que sempre atraio pessoas incríveis para minha vida.

Mas posso garantir que certas pessoas estranharão esta última frase ou pensarão que se trata de um conceito disparatado. Mas tudo bem, porque há grandes probabilidades de essas serem as pessoas que NÃO se identificarão comigo. Elas não combinarão comigo nem com meu negócio. Percebe como isso funciona?

O mesmo acontecerá com o seu negócio. Todos temos pessoas a quem nos conectamos melhor. Na verdade, essa é uma das tarefas do bom marketing — sua intenção é atrair as pessoas certas e repelir as demais.

A palavra "repelir" pode afastar algumas pessoas, mas a última coisa que você deseja é um monte de potenciais clientes e também atuais que não combinam com você. Aprendi essa lição repetidas vezes. Há pouco tempo, ela me veio à mente, quando participei de duas conferências. Ambas eram enormes, com centenas de participantes. E, aparentemente, as plateias seriam similares, bastante receptivas ao meu treinamento.

O primeiro grupo se mostrou muito entusiasmado — e eles prestaram atenção em cada palavra que proferi. Eles participavam quando eu solicitava algo. Tinham várias perguntas a fazer. A energia no ambiente era palpável. Apreciei cada minuto que passei sobre o palco e, quando finalmente saí, fui cercado por pessoas que me fizeram perguntas por mais de duas horas.

Fiquei muito animado depois dessa palestra e aguardei com ansiedade a segunda conferência. Infelizmente, o ambiente se revelou bastante diferente. O segundo grupo demonstrou atenção e respeito, mas foi só isso. Não consegui fazer com que eles participassem. Houve poucas perguntas. O ambiente parecia morto.

Sofrendo por conta da minha apresentação nessa segunda conferência, cheguei a uma conclusão que não poderia ser mais evidente: aqueles que faziam parte da primeira plateia eram as "minhas pessoas". Ainda que a maior parte delas nunca tivesse ouvido falar de mim antes de eu subir ao palco, todas combinavam perfeitamente com a minha mensagem. Por outro lado, as pessoas da segunda plateia não eram, claramente, as minhas pessoas. Eram pessoas adoráveis, mas, no geral, não combinávamos.

A diferença entre as duas conferências estava no marketing empregado para reunir aquelas pessoas em um mesmo ambiente. Na primeira delas, o marketing era muito congruente com a minha abordagem de negócios. E, analisando retrospectivamente, foi o oposto no caso da segunda. O marketing e a comunicação eletrônica usados para reunir as pessoas do segundo grupo estavam centrados na venda puramente agressiva — o que é muito diferente da forma como converso com meus clientes.

E as diferenças não terminaram na sala de conferências, pois eu rastreei quem se tornou cliente após cada uma das palestras. As que vieram da primeira conferência se mostraram, simplesmente, melhores clientes. Recorreram menos ao serviço de atendimento ao cliente, apresentaram um índice inferior de solicitação de reembolso, participaram mais ativamente da comunidade PLF, obtiveram melhores resultados, propiciaram Estudos de Caso mais interessantes e acabaram integrando meus grupos seletos de treinamento em maior proporção.

O ponto principal dessa história é o seguinte: você precisa certificar-se de que está atraindo as SUAS pessoas para o seu negócio. Felizmente, você já dispõe da ferramenta necessária para atraí-las — a Product Launch Formula™. Quando você segue a fórmula e conta a sua história de forma autêntica por meio do Conteúdo de Pré-Lançamento, atrai os clientes ideais. Faz parte do processo.

OLHE ALÉM DAS CURVAS

Quando meu filho começou a participar de provas de mountain bike, seu instrutor lhe ensinou uma lição importante, que ele compartilhou comigo quando chegou em casa. Ele me disse para "olhar além das curvas". Em outras palavras, quando você está sobre uma bicicleta, disparando por uma trilha íngreme na montanha, não é recomendável olhar para a trilha que está bem à frente da sua roda. Essa é a receita para um desastre. Isso significa que você sempre precisará reagir no último segundo. Mais cedo ou mais tarde, vai deparar com um obstáculo e não conseguirá reagir com a rapidez necessária.

Em vez disso, você tem de ampliar a sua visão para além da trilha. Estenda a sua linha do horizonte o mais longe que puder. Quando entrar em uma curva, olhe além dela, de modo a perceber onde a manobra será finalizada. Mesmo que as árvores atrapalhem sua visão, foque atentamente e tente ver através delas, para obter algum indício do que virá em seguida. Olhe para além da curva.

Nos negócios acontece o mesmo: você precisa olhar muito além do próximo dia, semana ou mês. Não vá atrás de cada objeto brilhante, não se deixe distrair por cada tática nova. Se for mudar de caminho ou procurar uma nova direção, certifique-se de estar fazendo isso por uma razão estratégica fundamentada.

Vejo muitas pessoas comprometendo continuamente sua posição, marca e reputação quando decidem perseguir a última tática ou centavo. É muito triste ver algumas pessoas desperdiçando todo o esforço empregado em um negócio ao optar por uma visão de curto prazo. A boa notícia é que, se você adotar a visão de longo prazo (e, atualmente, a visão de longo prazo parece estar um pouco além dos próximos três meses), se diferenciará instantaneamente no seu mercado.

O PRINCÍPIO DA MENTE MESTRA

A ideia da "mente mestra" é um tema sobre o qual Napoleon Hill escreveu em *Pense e enriqueça*, nos idos de 1937, e é um conceito incrivelmente poderoso. Na verdade, eu não estaria onde estou se não tivesse me engajado em muitos grupos de mente mestra desde os primórdios do meu primeiro negócio.

A mente mestra funciona de forma simples: você se une a um grupo de empreendedores com pensamentos afins, e vocês se apoiam mutuamente para estimular a expansão de seus respectivos negócios. Não se trata de um "grupo de rede de contatos", embora, de modo geral, certo tipo de rede se estabeleça naturalmente como subproduto da participação no grupo. A mente mestra tem a ver com compartilhamento, criatividade e divisão de responsabilidades.

Com frequência, cria-se um "lugar na berlinda", uma situação bastante empolgante para quem nunca tenha passado por algo parecido. Basicamente, alguém apresenta uma ideia ou problema existente em seu negócio, e então o grupo inteiro se dedica a promover um *brainstorm* sobre aquele assunto.

Se o grupo contar com as pessoas certas, normalmente o lugar na berlinda lembrará uma enorme e agitada sessão de alimentação de tubarões. Quando você coloca de vinte a trinta empreendedores criativos em uma mesma sala e, em seguida, apresenta um problema de negócios, é como se estivesse derramando sangue na água. E não deixe, por acidente, nenhum braço pendurado na borda do barco!

(Todos sabemos que é muito mais divertido resolver os problemas dos outros do que nos debruçarmos sobre nossas próprias questões.)

Comecei a participar de alianças formais de mente mestra em 1999 e, desde então, venho tomando parte em muitas delas ao longo desses anos. Algumas exigiam o pagamento de uma assinatura, contando com a facilitação de um profissional. Outras eram meros grupos de amigos, sem nenhum facilitador central. Os formatos variavam — alguns se baseavam principalmente em e-mails e outros em telefonemas. E os mais eficazes giravam em torno de encontros ao vivo.

Também formei alianças pagas e seletas de mente mestra com pequenos grupos de clientes, o que me possibilitou ter uma percepção mais ampla sobre os requisitos necessários à criação de uma ótima aliança de mente mestra (e a Mente Mestra Platinum se tornou uma irmandade para mim. Nunca participei de uma comunidade mais poderosa e unida do que essa).

O que aprendi ao longo dos anos (fosse como participante ou como organizador) é que nem todos os grupos são criados da mesma forma. Não existe receita mágica e inerente para se reunir um grupo aleatório de pessoas. O segredo está na qualidade das pessoas e no nível comunitário estabelecido dentro do grupo.

Uma boa aliança de mente mestra é aquela que conta com pessoas excelentes, dispostas a oferecer algo. Pessoas que focam na criação de valores para os outros, antes de pensar em obter algum valor para si mesmas. Essa é a verdadeira essência da mente mestra; todos estão lá com o único propósito de ajudar os demais participantes e sabem que as recompensas virão naturalmente, como parte do processo.

No entanto, ter algo para oferecer não é suficiente. A aliança também precisa contar com integrantes que tenham capacidade mental e inteligência emocional para dar contribuições de alto nível ao grupo. Você não quer ser a pessoa mais sábia do grupo.

As melhores alianças de mente mestra apresentam forte comprometimento ético e noção de comunidade quase tangível. O grupo demonstra um poderoso senso de identidade, e há aquela sensação de que "estamos nisso juntos". Já participei de grupos em que tive um autêntico sentimento de perda quando não pude comparecer a algum encontro. Se eu ficar desconectado por alguns dias, os e-mails do grupo serão os primeiros que lerei quando ligar meu computador.

A magia está em conseguir reunir as pessoas certas e uma ótima comunidade. Como diz o ditado, "uma maré alta levanta todos os barcos". É exatamente isso o que acontece em uma aliança de mente mestra satisfatória. Quando cada um dos integrantes se concentra em ajudar os demais, só pode haver benefício para todos. Eles desenvolvem ideias, vínculos e responsabilidades que contribuem para o progresso de seus negócios e suas vidas.

Portanto, eis aqui o meu conselho: forme uma sólida aliança de mente mestra. Peça a outros empreendedores conhecidos que lhe recomendem um grupo. Há alguns grupos gratuitos (ou quase gratuitos) aos quais você pode associar-se, embora eles possam ser difíceis de encontrar. Eles são quase sempre restritos até certo ponto. Em geral, as alianças pagas são de mais fácil acesso (e, normalmente, têm uma estrutura mais formal). Ou você pode formar um aliança por conta própria. Talvez você tenha de testar alguns grupos antes de encontrar o mais adequado, mas a recompensa será enorme quando descobrir a combinação perfeita.

A COISA MAIS IMPORTANTE EM UM NEGÓCIO

Em uma recente oficina de PLF presencial, um dos participantes me perguntou qual era a coisa mais importante em um negócio; o que tinha feito toda a diferença para mim e para o meu sucesso, em que ele deveria concentrar-se à medida que seu negócio começasse a se expandir.

Essa é uma pergunta muito difícil! Qual é a coisa mais importante na qual você deve concentrar-se no seu negócio? O que faz toda a diferença?

Minha resposta foi: o custo de oportunidade.

Segundo a Wikipédia, o custo de oportunidade é "o custo associado à próxima alternativa disponível para quem escolheu dentre as possibilidades mutuamente excludentes".

Em minha opinião, é uma definição um pouco difícil de entender. Penso nisso apenas como "aquilo de que você tem de abrir mão quando escolhe entre duas ou mais alternativas".

E esse custo NÃO se restringe apenas aos custos financeiros. Em geral, no caso de um empreendedor, o maior custo de oportunidade é o tempo.

No início de suas atividades, provavelmente você terá um capital limitado. E, considerando-se que você fará quase tudo sozinho, definitivamente terá pouco tempo. Escolher a oportunidade certa é EXTREMAMENTE importante. Fazer a escolha errada poderá lhe custar semanas, meses ou até anos.

Esse é o significado do custo de oportunidade. Você precisa entender que o custo envolvido na escolha de uma oportunidade é muito superior ao de quaisquer encargos financeiros exigidos por essa opção. Não quero assustá-lo a ponto de deixá-lo paralisado, pois a inação representa um ENORME custo de oportunidade. Só quero que você perceba que, quando escolhe um caminho, há inúmeras outras estradas que não conseguirá percorrer.

E, quando o sucesso começar a chegar, o problema do custo de oportunidade se tornará ainda mais relevante.

Essa é a questão. Quanto mais bem-sucedido você se torna, mais "oportunidades" aparecerão. Isso é o que chamamos de "fluxo de operações". Você começa a ter sucesso, desenvolve uma série de recursos e prova seu valor — e, subitamente, todos vão querer negociar com você.

O fluxo de operações é uma coisa boa. É assim que os ricos ficam mais ricos. Essa é uma das razões pelas quais é mais fácil sair de US$100 mil e chegar a US$1 milhão do que sair do zero e chegar a US$1 mil.

Mas, quando você atinge o fluxo de operações, é mais fácil perder o foco. Você terá somente determinada quantidade de tempo, energia, atenção, recursos etc., e, a cada vez que você escolher uma oportunidade, estará abrindo mão de outra coisa.

Normalmente, no caso dos empreendedores, essa outra coisa é o tempo.

Meu amigo Dean Graziosi usou recentemente a seguinte analogia para explicar o custo de oportunidade: é o mesmo que ter uma estante abarrotada. Se você encontrar algum livro maravilhoso que queira comprar... bem, você poderá comprá-lo. Mas isso significa que você terá de se desfazer de um dos livros que já estão em sua estante.

Portanto, lembre-se... é ótimo fazer escolhas em seu negócio. Mas elas têm um custo de oportunidade. Tomar as decisões corretas em relação a esse custo é um dos fatores mais decisivos para o sucesso de um negócio.

NÃO SEJA PRETENSIOSO

Se você vai se dedicar aos negócios e pretende ter sucesso no longo prazo, precisará ser um eterno aprendiz. Seu mercado, seus clientes e concorrentes não ficarão parados, e você também não poderá se dar o luxo de ficar.

No meu ramo de negócios, conheci inúmeros empresários muito bem-sucedidos, e posso afirmar o seguinte: todos os que estão no topo são eternos aprendizes. Não seja pretensioso.

Isso pode parecer uma observação oportunista, já que meu negócio é ensinar as pessoas a expandir os seus negócios, mas é a pura verdade. A realidade é que gasto muito dinheiro e tempo em minha própria formação. Preciso fazer isso. É meu trabalho. As recompensas comerciais são imensas, mas um dos custos do grande êxito é que é necessário manter-se atualizado em sua área.

Você precisa aprender. E terá de fazê-lo continuamente.

NINGUÉM PODE SER UMA ILHA

Isso é simples — você precisa construir fortes relações na indústria. Na verdade, embora eu tenha usado o termo "concorrente" na última seção, não costumo usar essa palavra no meu negócio. Penso em termos de "parceiros" e "futuros parceiros".

Sei que existem alguns negócios em que há uma verdadeira concorrência. Se você for dono de uma academia de ginástica, por exemplo, há grande probabilidade de que seus clientes frequentem apenas uma academia. Nesse caso, esse fato transformaria as outras academias de ginástica da sua localidade em concorrentes diretos.

Porém, na atual situação do mercado, em que mais e mais pessoas se tornam profissionais do conhecimento e mais e mais negócios se tornam negócios de conhecimento, há muito mais oportunidades de cooperação do que de concorrência.

Meu negócio atual foi criado, literalmente, por meio de parcerias promocionais com outros negócios que poderiam ser considerados concorrentes diretos. Mas, em vez de competir, nós nos apoiamos. O resultado final é que não temos de nos preocupar com a divisão do bolo. Ao contrário, trabalhamos juntos e preparamos um bolo ainda maior.

Sugiro que você comece a pensar em alternativas para que seus concorrentes se tornem seus parceiros. Tente fazer isso por algum tempo, pois sua rede de contatos é seu patrimônio líquido.

VOCÊ PRECISA ESTAR NO NEGÓCIO DA INFORMAÇÃO

Neste livro, quase todos os exemplos utilizados são de "negócios da informação" — aqueles que oferecem um produto para ensinar ou treinar as pessoas a fazerem alguma coisa. Pode ser adestramento de cães, tênis ou malabarismo.

Mas nem todos os negócios serão desse tipo. Afinal de contas, alguém precisa vender carros ou imóveis, ou limpar carpetes.

No mundo atual, porém, quase todos precisamos estar no negócio da informação em algum grau. E acrescentar um componente de informação a um negócio — seja como parte do processo de vendas ou como parte do produto — torna-se essencial em quase todos os negócios bem-sucedidos.

Joe Polish, por exemplo, fez crescer seu negócio de limpeza de carpetes oferecendo um informe gratuito que revelava aos consumidores as técnicas de vendas fraudulentas que muitos dos negócios dessa área costumavam usar. Esse informe acabou gerando um alto nível de exposição e de vendas para seu negócio. Joe não possuía um negócio de informação, mas usou um produto de conhecimento para aprimorar sua empresa de prestação de serviços fora dos domínios da internet.

Vivemos em um mundo conectado e rico em informações. As pessoas desejam estar conectadas e ter informações à sua disposição. E, nesse ambiente, quase todos os negócios deveriam publicar conteúdos em algum nível... como parte do seu marketing ou de sua oferta.

O TOQUE HUMANO

Deparei com isso quando lancei meu primeiro negócio, em 1996 — é muito mais fácil vender com um toque humano. Sempre fui feliz sendo quem sou, sem fazer de conta que era uma grande empresa. Nunca me referi a mim mesmo como "nós" nos e-mails que enviei, e isso me diferenciou desde o começo. Nos velhos tempos, todo mundo tentava se parecer com uma grande empresa, mas eu redigia os e-mails para as pessoas da minha lista com a mesma linguagem que usava quando escrevia para meus amigos. E funcionou.

As pessoas querem conectar-se a outras pessoas, e não a corporações impessoais. Elas não querem receber um e-mail redigido no estilo que chamo de "linguagem corporativa" ou "discurso de companhia aérea". Você sabe do que estou falando: "Atenção para o fechamento de portas. Por favor, leia o cartão com as instruções de segurança colocado no compartimento do assento à sua frente." Isso soa impessoal, frio, desinteressante. É claro que há raras exceções; se você estiver em um ambiente de missão crítica, seus clientes vão querer saber que você dispõe de recursos para sustentar os serviços oferecidos. Mas, mesmo assim, eles ainda vão preferir interagir com outros seres humanos.

Essa "linguagem corporativa" é a morte das vendas. As pessoas desejam comprar com pessoas. Esqueça o "nós" da realeza quando se dirigir aos clientes. Converse com eles de igual para igual. Isso facilitará as vendas de seus produtos e tornará a administração do seu negócio muito mais agradável. Mais uma vez, o processo da PLF tem tudo a ver com a criação de uma conexão e de um diálogo com os clientes potenciais, além de um nível de comunicação que estabeleça uma relação com seus novos clientes.

AGINDO DE ACORDO COM SUAS PRÓPRIAS REGRAS

Perceber que é você quem está no comando é o segredo para iniciar um grande negócio. Isso pode parecer óbvio, mas muitas pessoas criam um negócio que segue o modelo de outras. Ou daquilo que elas acham que deveria ser um.

Lembre-se: você mesmo estabelecerá as regras. Você não precisa fazer negócios da mesma forma que as outras pessoas no seu mercado fazem nem negociar com clientes de quem você não gosta. Pode criar um negócio que você adora.

E tudo isso começa quando você tem bastante clareza do que é esse negócio e de como seria sua vida se tivesse aquele negócio. É disso que trata o próximo capítulo...

13. Uma receita para uma vida ótima

Depois de me formar em administração de empresas pela Universidade Estadual de Michigan, consegui um emprego na Motorola, em Tempe, no Arizona. Eu havia recebido algumas ofertas de emprego, mas escolhi a Motorola em grande parte porque aquele lugar me encantava. Fui criado na área de Detroit e nunca tinha ido além do rio Mississipi, mas sempre tive vontade de me aventurar em direção ao oeste.

Levei quatro dias para percorrer o longo trajeto entre Michigan e o Arizona. Na terceira noite, hospedei-me em um minúsculo hotel, em uma cidade da qual nunca tinha ouvido falar — Durango, no Colorado. Nunca havia visto montanhas como aquelas em toda a minha vida e fiquei impressionado. Na manhã seguinte, liguei para meus pais para informá-los sobre o andamento da viagem e não consegui parar de falar sobre Durango.

Depois de alguns minutos, meu pai disse: "Uau, parece que você pretende ficar em Durango e não sair mais." Após todos esses anos, ainda me lembro dessa frase, porque, na época, me pareceu uma ideia um tanto absurda. A perspectiva de viver em Durango era quase tão estranha quanto andar sobre a superfície da lua.

Fui criado por uma família maravilhosa, que me deu todo o apoio. Meus pais fizeram um ótimo trabalho na minha criação e na dos meus irmãos. Eles nos ofereceram uma base sólida na vida e fizeram questão de que todos nós ingressássemos na universidade. O padrão para minha vida parecia estabelecido: me formar, encontrar um "bom emprego" e, então, permanecer nele para o resto da vida. Era isso o que toda a minha família fazia. Era isso o que todas as famílias dos meus amigos faziam. Era isso o que todo mundo que vivia nos bairros residenciais de classe média fazia.

Por alguma razão, sempre tive vontade de ter um negócio. Não tenho ideia de onde veio isso, mas lembro de ter percebido esse forte desejo aos 10 anos. Mas eu não tinha nenhum exemplo no qual pudesse me inspirar para criá-lo e desenvolvê-lo. Não tinha nenhum quadro de referência nem conhecia pessoas que, de fato, fizessem algo desse tipo. Aquilo contrariava tudo o que eu observava em minha vida. E, assim, fui para Tempe, onde eu deveria seguir aquele padrão familiar para o resto da vida.

Porém, quando cheguei lá e comecei a trabalhar na Motorola, percebi, rapidamente, que eu não combinava com o mundo corporativo. Éramos incompatíveis. Simplesmente não funcionava. E essa foi a grande razão pela qual, apenas alguns anos depois, decidi largar o emprego, abandonar o mundo corporativo e ficar em casa para cuidar de duas crianças pequenas. Eu havia me livrado desse mundo para nunca mais voltar.

MUDANÇA PARA DURANGO

Escrevo estas linhas da cidade de Durango, no Colorado, onde moro. Eu e minha esposa nos mudamos para cá com nossos filhos há 14 anos. Meu pai tinha razão quando, tempos atrás, disse que parecia que eu tinha vontade de viver em Durango. Moro aqui porque posso morar em qualquer lugar do mundo que eu desejar.

Meu negócio é 100% on-line, e minha equipe é virtual, o que me desobriga, efetivamente, a restringir meu negócio a limites geográficos. Posso trabalhar em qualquer lugar em que haja uma conexão de internet.

Durango talvez não seja a primeira opção da maioria das pessoas, mas eu adoro. As mais belas montanhas do Colorado estão praticamente no quintal da minha casa e os grandes desertos do sudoeste norte-americano ficam a algumas horas de distância. Tenho acesso fácil a ótimas pistas de esqui, a um incrível percurso de mountain bike e a belos passeios fluviais. Adoro as pessoas que escolhem viver em Durango, e tem sido um lugar fantástico para criar meus filhos.

Todas as manhãs, durmo até a hora que eu quiser. O único momento em que ligo o despertador é quando pretendo subir a montanha bem cedo para esquiar. Ou se for preciso pegar um voo matinal (só viajo quando quero — se for a trabalho, se eu quiser encontrar algumas pessoas incríveis ou for participar de um treinamento de alto nível).

Parte da alegria de viver no Colorado é compartilhar com meus filhos minha paixão pela vida ao ar livre. Ambos são excelentes praticantes de mountain bike e de esqui e já navegaram pelos rios mais selvagens e incríveis do mundo.

Não estou contando tudo isso para me gabar — só quero que você entenda o que é possível fazer em sua vida. Sou dono de um negócio que já auxiliou milhares de empreendedores, tenho uma grande equipe que me permite administrá-lo, nossos clientes são fãs ardorosos, minha renda é muito superior àquilo com que eu poderia ter sonhado, moro onde quero... e ainda tenho tempo para apreciar as belas paisagens naturais que ficam bem em frente à minha casa.

É lógico que, quando as pessoas ouvem isso, podem achar que é porque eu sou mesmo especial. Ou, talvez, que eu tenha alguns poderes mágicos, que disponha de algumas informações privilegiadas ou que eu seja uma pessoa de muita sorte.

Infelizmente, eu não tenho poderes mágicos. Quando comecei esse negócio, não dispunha de nenhuma espécie de contato. E, certamente, não comecei com qualquer vantagem ou dinheiro.

Então, como foi que deixei de ser um simples garoto do meio-oeste, um fracasso corporativo, o Sr. Mamãe, e passei a ter a vida dos meus sonhos?

Foi com o negócio que criei com a Product Launch Formula™. Claro, houve muito trabalho envolvido e alguns golpes de sorte, mas tudo isso faz parte da fórmula.

E o mais importante: não fui o único a conseguir isso. Muitos de meus alunos e clientes alcançaram resultados semelhantes. Você já conheceu as histórias de muitos deles neste livro.

Então, como é que você pode construir um negócio e uma vida que lhe permitem morar no lugar que quiser, trabalhar quando quiser e levar o estilo de vida que quiser?

COMECE COM A IMAGEM MENTAL

Quando eu estava prestes a lançar meu primeiro negócio, fiz um exercício em que concebi mentalmente minha vida ideal. Li sobre esse exercício em um produto de treinamento e acredito que foi isso que definiu todo o meu sucesso. Não demorou muito e foi fácil de fazer. Anotei tudo o que eu queria — rendimentos financeiros, estilo de vida, bens materiais, experiências de viagens. A lista não era muito longa, pois, naquela época, eu não tinha ideia de todas as possibilidades. Em comparação ao estilo de vida que levo hoje, meus planos eram muito modestos, mas aquela lista me deu o direcionamento de que eu precisava.

O curioso é que, assim que terminei de fazer o exercício, guardei a lista na parte de trás do meu diário e a esqueci lá. Então, alguns anos depois, me deparei com ela — e percebi que havia alcançado quase todos os objetivos anotados. Foi aí que passei a acreditar realmente na projeção mental daqueles planos para a minha vida... e a anotá-los.

Quando o negócio começou a se expandir, revisei e acrescentei rapidamente novos tópicos à lista. Anotei tudo o que eu queria para o futuro: a renda que eu almejava alcançar, quanto tempo eu poderia me afastar do negócio, como passaria meu tempo livre, minhas condições financeiras, o que eu faria como empresário, o impacto que eu causaria com meu negócio, o tipo de pessoa com quem eu trabalharia etc.

Se você quiser aprofundar-se, pode anotar os planos para seus relacionamentos futuros, sua saúde física e emocional, sua formação, seu lar, sua família etc.

É importante entender que não há respostas certas ou erradas quando se faz esse exercício. E o que você escreve não é para sempre; é possível mudar a qualquer momento — seguramente, haverá mudanças. Essa é a imagem mental ideal da sua vida futura neste exato instante. Você pode aplicar esse exercício a qualquer período que desejar, mas, normalmente, eu costumo usar o intervalo de três a cinco anos a partir do momento presente. Lembre-se: essa lista é um trabalho em constante evolução. Eu atualizo continuamente a projeção mental da vida futura, e você deveria fazer o mesmo.

Portanto, vá em frente e faça isso. Desligue o telefone, o e-mail, o aplicativo de mensagens instantâneas. Na verdade, talvez seja uma boa ideia simplesmente desligar a sua conexão de internet. Confie em mim, todos eles estarão em seus devidos lugares quando você ligá-los novamente em trinta minutos. Feche a porta ou saia de casa e vá até uma cafeteria ou biblioteca. Use papel e lápis, ou abra um documento novo no computador. Faça anotações sobre como será sua vida ideal daqui a três anos:

Qual será a sua renda
Que tipo de carro você terá
Onde você vai morar e em que tipo de casa
Quem serão seus clientes e como você lhes
  prestará serviços
Como estará sua saúde física e mental
Como serão suas relações — com os amigos,
  parceiros, filhos, pais, colaboradores etc.
Como será sua vida espiritual
Que viagens e experiências você terá
O que você terá conquistado do ponto de
  vista pessoal e profissional

Mais uma dica: o exercício se tornará ainda mais poderoso se você escrever como se já tivesse conseguido alcançar tudo isso.

Não subestime esse processo. Todas as coisas significativas que você criar serão concebidas, primeiramente, em sua imaginação.

Agora que você já sabe para onde estamos indo, vamos falar sobre as especificidades para se chegar lá...

A SEGURANÇA DE SER UM EMPREENDEDOR

Para criar a vida de seus sonhos, a primeira coisa de que você precisa é segurança. Muitas pessoas que pensam em montar um negócio se preocupam com o fato de terem de abrir mão da segurança do mundo assalariado.

Infelizmente, os salários já não representam mais nenhuma segurança. Tenho certeza de que você conhece pessoas que trabalharam lealmente para uma empresa por muitos anos, apenas para serem dispensadas ou verem o negócio fechar as portas e decretar falência.

O mundo mudou, e a única segurança verdadeira é sua habilidade de gerar valor e ser remunerado por ele. Quando você cria seu próprio negócio, entende, de fato, o que é segurança. Mesmo após ter perdido meu primeiro negócio em função do rompimento de uma parceria, precisei de apenas algumas semanas até me reequilibrar e dar início a um novo.

Seu maior investimento será em suas habilidades de negócios. Quando você consegue criar um novo negócio do nada, passa a controlar seu destino. E, entre todas as habilidades de negócios que você pode desenvolver, a mais recompensadora é a de se lançar no mercado e vender a si mesmo e seu negócio.

E não deve ser nenhuma surpresa o fato de eu acreditar que a PLF é a melhor maneira de vender nos dias de hoje.

AFINE O INSTRUMENTO

Este era um dos sete hábitos de Stephen Covey para o sucesso pessoal: você precisa desligar-se um pouco do trabalho para se recarregar e se renovar. Não conseguirá atuar o tempo todo em um nível elevado se estiver dedicando 100% do tempo ao trabalho. Ninguém é capaz de atuar de maneira indefinida com o máximo de eficiência e criatividade. Infelizmente, vejo muitos empreendedores levando uma vida em que não fazem nada além de trabalhar. Nunca tiram um dia de folga.

Há uma velha brincadeira entre os empreendedores sobre qual o maior benefício de se ter o próprio negócio. A moral da história é que você só precisa trabalhar meio período — quaisquer 12 horas do dia que você quiser.

Isso não é saudável. A longo prazo, seu negócio e sua vida sofrerão as consequências. E não é uma receita para uma vida ótima.

Claro, sempre haverá alguns dias mais longos do que os outros — especialmente quando você estiver iniciando suas atividades. Mas se não se desligar nunca do trabalho, estará agindo de modo errado.

Meu amigo Joe Polish costuma comparar essa situação à de uma corrida de cavalos. Se você fosse dono de um cavalo de corrida de US$1 milhão, tomaria muito cuidado no trato dele. Você o alimentaria bem, se certificaria de que ele descansasse o suficiente, monitoraria criteriosamente suas horas de trabalho, iria lhe fornecer um estábulo limpo e confortável e programaria exames rotineiros com um veterinário.

Em sua vida e em seu negócio, seu corpo é o cavalo de corrida de US$1 milhão. Você não merece o mesmo cuidado?

Não pretendo entrar no assunto das diversas crenças, mas quase todos nós concordaríamos que vivemos apenas uma vez... pelo menos, na nossa forma atual. Então como vamos conduzir essa vida única e preciosa? Você vai cuidar de seu corpo e de sua mente de US$1 milhão?

Vai ter o cuidado de consumir alimentos saudáveis e nutritivos? Dormir o suficiente? Sair para passear? E quanto aos exercícios físicos? Meditação? Alongamento ou ioga? Exames rotineiros de saúde?

Trabalhar mais horas não é a resposta para os problemas. É preciso trabalhar melhor e mais sabiamente, e um dos segredos para fazer isso é renovar continuamente a mente e o corpo. Você precisa afinar o instrumento.

ESTAMOS NO HIMALAIA

Algo inevitável quando você se tornar um empreendedor serão os altos e baixos do negócio. Obviamente, isso acontece com todo mundo, tendo ou não o próprio negócio, mas, para a maioria das pessoas, os momentos altos ficarão mais altos e os momentos baixos ficarão mais baixos se forem empreendedoras.

A maioria de nós não trocaria esta vida por nada — adoramos poder controlar nosso destino, não ter de nos reportar a ninguém, ter a possibilidade de criar e as grandes vitórias. Mas sabemos que não ganharemos o tempo todo; haverá alguns momentos de baixa.

Minha amiga Lisa Sasevich gosta de dizer que vivemos no Himalaia — na qualidade de empreendedores, nossos picos e vales são muito maiores do que os dos demais. Quando colocamos nosso uniforme de super-heróis empreendedores, nossa vida se diferencia da dos cidadãos comuns.

Isso significa que temos de ser prudentes na administração de nossos estados mentais. Uma coisa é enfrentar uma ou duas semanas ruins quando temos um emprego assalariado — na maior parte dos casos, o salário continuará a ser depositado no fim do mês. Mas, se estivermos tocando nosso próprio negócio, e, especialmente, se tivermos uma equipe que depende de nós, precisamos encontrar uma forma de vencer o desânimo.

E, é claro, não sou diferente de ninguém. Tenho minha cota de altos e baixos. Mas o que fiz foi criar um processo para lidar com isso. Mantenho uma lista de coisas que me puxarão para cima quando eu não estiver no auge. Cada um terá sua própria lista, mas, depois de comparar a minha com as de vários alunos e colegas, percebi que, de modo geral, elas coincidem em muitos aspectos.

Esta é uma lista parcial das coisas que funcionam no meu caso. Use aquilo que funcionar para você, e esqueça o resto:

Praticar exercícios: Este item está no topo da lista. Nada é mais eficaz para melhorar significativamente meu estado de ânimo do que acelerar os batimentos cardíacos. Melhor ainda é executar os exercícios ao ar livre (em vez de em uma academia de ginástica).

Meditar: Este item está em segundo lugar, depois dos exercícios. Não precisa ser complicado; apenas feche os olhos e se concentre na respiração. Cinco minutos é tudo de que você precisa, mas vinte minutos é ainda melhor.

Sair para passear: Poucas coisas me animam mais do que sair para passear ao ar livre.

Dedicar-se a uma aventura: Vá fazer mountain bike, passe um ótimo dia esquiando ou surfando. Vá fazer uma caminhada. Visite um museu. Viaje.

Servir ou oferecer algo: Faça algo de bom para alguém. Acho que é impossível ficar se lamentando quando você está agindo de forma generosa e ajudando outras pessoas.

Mostrar-se grato: Poucas coisas restituirão seu estado de ânimo com mais rapidez do que reconhecer e sentir gratidão por todas as coisas boas de sua vida, às vezes facilmente ignoradas. Reserve um tempo, sente-se e anote todas as dádivas que você tem a seu favor. Talvez queira começar com a respiração e a vida... elas não devem ser consideradas evidentes.

Essa é a minha lista, ou pelo menos parte dela. Provavelmente, a sua será diferente. Sou introvertido. Se você for uma pessoa extrovertida, sua lista, sem dúvida, terá um aspecto bastante diferente. O importante é que você saiba identificar as situações em que estiver se sentindo desanimado e que tenha uma estratégia para se libertar disso.

PERMANEÇA NA SUA ZONA DE GENIALIDADE

Meu instrutor Dan Sullivan (ou Strategic Coach*) fala sobre o conceito de Unique Ability™.** Qual é a coisa (ou as duas ou três coisas) que você veio fazer na Terra? O que consegue fazer tão bem que o tempo parece desaparecer quando está se dedicando àquilo?

---
*Pode ser traduzido como Treinador Estratégico. (*N. do E.*)
**Pode ser traduzido como Habilidade Única. (*N. do E.*)

O que costuma fazer de uma forma que lhe parece tão natural, mas que as outras pessoas consideram excepcional, a ponto de você não entender por que elas ficam tão impressionadas?

São essas as coisas que fazem parte da sua zona de genialidade, ou da sua Unique Hability™.

No seu negócio, você deve trabalhar com essas coisas nas quais se revela singular. Não gaste seu tempo em coisas que lhe pareçam difíceis. Trabalhe com as forças, não com as fraquezas. Contrate pessoas capazes de fazer o que não esteja na sua zona de genialidade.

Depois de se libertar das atividades em que você não é bom, o passo seguinte é eliminar as coisas para as quais você tem alguma aptidão, mas que, ainda assim, não fazem parte de sua zona de genialidade. Novamente, outras pessoas serão melhores que você nessas ocupações, então contrate-as. Por fim, você eliminará as tarefas nas quais é excelente — porque, mesmo que seu rendimento nessas tarefas seja excelente, elas ainda não estarão em sua zona de genialidade. Realizá-las não permite que você se dedique às atividades próprias de sua genialidade.

Quanto mais tempo você passar em sua zona de genialidade, melhor será para você, para seu negócio, para seus clientes... e para o mundo.

SEU RECURSO MAIS ESCASSO

Seu recurso mais escasso é o foco.

O mundo conspirará para distraí-lo. Telefone, e-mail, mensagens de texto, mensagens instantâneas, mídias sociais e outros o afastarão do que deveria estar fazendo.

Ao acordar, muitas pessoas olham imediatamente o telefone. Elas verificam mensagens, e-mails, várias mídias sociais. Isso é um erro monumental — a única coisa que estará esperando por você no telefone é a agenda de outra pessoa. Se você verificar o telefone ou o e-mail logo de manhã, terá perdido o controle de *sua* agenda. Haverá e-mails ou mensagens aguardando por sua resposta e, uma vez que comece a responder a eles, terá perdido o controle de seu dia.

Você deveria começar o dia se concentrando nas atividades de mais alto valor, antes de se deixar envolver pelas agendas que os outros desejam lhe impor. E quais são as atividades de mais alto valor? Aquelas que estão na sua zona de genialidade ou que constituem a sua Unique Hability™.

CLIENTES QUE VOCÊ ADORA

Mencionei isso no capítulo anterior, por isso não vou me alongar no assunto, mas ter ótimos clientes com quem você adora trabalhar e a quem adora servir é um atalho fantástico para adorar também sua própria vida.

Ouço as pessoas se queixando de seus clientes com frequência — mas o fato é que foram elas que os escolheram.

Lembre-se: se você quiser ter clientes diferentes, mude seu negócio, mude seu produto, mude sua comunicação eletrônica, mude seu marketing. É você quem está atraindo esses clientes e tomando a decisão de trabalhar com eles... então, escolha os melhores.

Meus clientes mais seletos são aqueles que fazem parte de minha aliança de Mente Mestra Platinum, e eu adoro desfrutar de sua companhia. É um grupo pequeno, com quem me reúno várias vezes por ano, e o acesso a ele é bastante restrito. Para entrar no Platinum, os membros precisam passar por um rigoroso processo de seleção. Minha equipe e eu buscamos pessoas que combinem com a cultura do grupo e com quem eu realmente queira estar. Sempre que saio de um desses encontros me sinto mais motivado do que no começo da reunião. Na verdade, tento organizar minha agenda para que sempre possa promover um encontro Platinum logo antes de ministrar oficinas para grupos maiores, porque sei que me encherei de energia para realizá-las. Enquanto escrevo estas linhas, estamos completando o nosso quarto ano de grupo Platinum, e muitos dos participantes estão comigo desde o começo.

Evidentemente, esse é apenas um exemplo — a questão geral é a seguinte: você pode determinar quem serão seus clientes. Você faz isso pela seleção do mercado, da oferta e do marketing.

Não transija nesse aspecto. A Product Launch Formula™ tem tudo a ver com a conquista de novos e melhores clientes. Agora, vá conseguir os clientes que você quer.

VOCÊ NÃO PODERÁ CHEGAR LÁ SOZINHO

Quando dei início às minhas atividades, eu tinha a fantasia de que conseguiria construir um negócio sozinho.

Eu achava que a vida seria muito mais simples daquela forma e, considerando-se que se tratava de um negócio virtual com um produto virtual, concluí que poderia, de fato, fazer o negócio se expandir sem ter de montar uma equipe.

Na verdade, não contratei ninguém e não tive nenhum funcionário nos primeiros dez anos de atuação no mercado. Foi um grande erro que acabou me privando de algumas coisas. Hoje, percebo que se tratava de um sinal de uma maturidade tão grande quanto a de uma criança de 2 anos dizendo: "Posso fazer tudo sozinha!"

A realidade é que você não consegue construir nada excelente por conta própria. E, se você se atrever a tentar, passará horas e mais horas trabalhando fora de sua zona de genialidade.

Quando começar a montar uma equipe, sua vida ficará mais complicada. Isso é inevitável: sempre que há seres humanos envolvidos, as coisas ficam mais complicadas.

Você terá de aprender a agir como líder da equipe (caso ainda não tenha desenvolvido essa habilidade). E, sob muitos aspectos, terá de se reportar a ela.

Algo que facilitará bastante esse processo é se ater a uma política que meu amigo Eben Pagan chama de "apenas estrelas". Em outras palavras, você deve contratar apenas estrelas — as pessoas que estejam entre as 10% melhores em seus respectivos conjuntos de competências. Na verdade, talvez você devesse levar isso ainda mais além e contratar somente aqueles que ocupem uma posição entre os 1% mais bem-avaliados em suas respectivas competências.

As estrelas facilitarão sua vida. Elas serão automotivadas, exigirão menos supervisão e treinamento e farão menos drama em suas vidas. Se forem satisfatórias em suas competências, mas fizerem muito drama, não serão estrelas.

A PALAVRA MÁGICA

À medida que o sucesso for chegando, haverá uma palavra que se tornará mais importante do que qualquer outra. Essa palavra é "não".

Como afirmou Warren Buffett: "A diferença entre as pessoas bem-sucedidas e as pessoas muito bem-sucedidas é que as pessoas muito bem-sucedidas dizem 'não' para quase tudo."

No capítulo 12, afirmei que a ideia do "custo de oportunidade" é a coisa mais importante a ser levada em conta nos negócios. É exatamente sobre isso que estamos falando agora, mas em um nível mais pessoal. À medida que você for se tornando mais bem-sucedido, que for desenvolvendo mais força pessoal, estabelecendo-se no papel de líder, mais as pessoas o considerarão interessante. É impossível evitar isso — é automático. Há um enorme déficit de lideranças neste momento no mundo, e as pessoas estão buscando líderes a quem se conectar e a quem seguir.

O próximo estágio é que mais pessoas e mais negócios começarão a aparecer em sua vida. Muitas das oportunidades serão bastante sedutoras, e essas o teriam impressionado se tivessem aparecido mais cedo.

Porém, você deve ser muito cauteloso em relação às coisas para as quais dirá "sim". Terá de se tornar cada vez mais seletivo e aprimorar sua capacidade de dizer "não". Tudo que não o faça avançar em direção ao futuro e ao que projetou mentalmente para si mesmo o desviará do caminho.

Não estou dizendo que você não possa fazer amizades nem que deva abandonar as pessoas e as coisas que o fizeram chegar aonde chegou. E, certamente, não estou dizendo que você não possa estender a mão para ajudar alguém. Terá, apenas, de ser muito cuidadoso com seu tempo e sua energia. Cada nova oportunidade para a qual você disser "sim" fechará a porta para outras.

BEBENDO O NÉCTAR DA ABUNDÂNCIA

Em 1996, quando comecei a divulgar as newsletters gratuitas sobre investimentos, havia outro site publicando informações bastante similares. No entanto, embora estivéssemos voltados para o mesmo nicho, nossos sites eram bem diferentes. Eles cobravam pelas newsletters; as minhas eram gratuitas. O site deles tinha uma aparência muito mais profissional; o meu era amador. Na verdade, naquela época eu nem tinha condições de adquirir um nome de domínio ou um serviço de hospedagem de sites, de modo que meu site ficava hospedado em um servidor gratuito.

Aquele site concorrente era editado por um sujeito chamado Frank Collar. Com frequência, eu entrava em seu site e navegava em todas as páginas. Meu maior sonho era ter um site tão profissional quanto aquele e publicar uma newsletter paga, como ele fazia. Mas eu não sabia como chegar lá. Não conhecia nenhuma das especificidades técnicas necessárias e não tinha dinheiro para contratar as pessoas que as conheciam. Eu não sabia como vender. E, mais importante ainda, não tinha confiança suficiente para pedir que as pessoas comprassem meus produtos.

De qualquer forma, um dia recebi um e-mail de Frank. Ele me perguntava como eu fazia para organizar alguns dos gráficos de ações postados no meu site. O e-mail me causou espanto. Fiquei surpreso com o fato de Frank saber quem eu era e até mesmo que o meu site existia. De algum modo, me senti lisonjeado.

Por outro lado, Frank era um concorrente direto. Era como se ele fosse a Coca-Cola e eu fosse a Pepsi (embora, na realidade, eu fosse mais parecido com um refrigerante genérico de cola). Estávamos EXATAMENTE no mesmo ramo de negócios. E aqueles gráficos eram a única coisa que vinha atraindo tráfego para o meu site. Hoje em dia, é muito simples postar uma imagem como um gráfico de ações em um site, mas, naquela época, tratava-se de um mundo à parte. Eu gastava boa parte do dia e mais dinheiro do que podia tentando descobrir uma forma de fazer isso. Eu havia investido tempo, esforço e um dinheiro ganho com dificuldade para criar aqueles gráficos e colocá-los no meu site e, para mim, eles eram o maior patrimônio do meu negócio.

Assim, quando li o e-mail de Frank, fiquei pensando no que fazer. Eu deveria lhe passar meu segredo comercial? Deveria recusar seu pedido? Ou deveria, simplesmente, ignorar seu e-mail?

No fim, decidi que eu poderia muito bem ajudá-lo. Sabia que, se eu havia descoberto como fazer aquilo, ele também acabaria descobrindo. E por que obrigá-lo a passar por aquelas cansativas experiências de tentativa e erro pelas quais eu havia passado até aprender a fazer?

Assim, separei uns vinte minutos e digitei um conjunto completo de instruções, informando como eu criava e postava os gráficos, e respondi ao e-mail de Frank.

Em alguns minutos, recebi uma resposta dele, agradecendo-me. Ele dizia que tinha muitos anos de experiência na publicação de newsletters fora dos domínios da internet e que havia feito vários testes com suas newsletters on-line. Ele compartilhou muitas informações interessantes a respeito daqueles testes — incluindo alguns cruciais para a fixação de preços. E ele ia além, dizendo que, se algum dia eu quisesse publicar uma newsletter paga, ele ficaria feliz em me auxiliar com seus conhecimentos e sua experiência.

Naquele momento, ao ler aquele e-mail, minha vida mudou.

Percebi que estávamos operando em um admirável mundo novo, no qual, em muitos casos (na maioria?), a cooperação era mais importante do que a concorrência. Anos depois, eu cunharia a expressão "Néctar da Abundância" para descrever esse fenômeno.

Simplificando: você pode optar entre uma mentalidade centrada na abundância e uma mentalidade centrada na escassez. Faça uma escolha sensata, pois ela causará um impacto em todas as áreas da sua vida. Em minha experiência, se você escolher a mentalidade da abundância, haverá muito mais alegria, satisfação e... claro, abundância.

Alguns meses depois, Frank me ajudou, de fato, a lançar minha newsletter eletrônica paga. Seus conselhos e sua experiência me deram confiança para criar aquele newsletter, que se tornou um dos meus grandes êxitos (o lançamento de US$34 mil, que mencionei no capítulo 1). Então, alguns anos mais tarde, quando Frank já estava cansado de publicar newsletters, acabou me PRESENTEANDO com sua lista de assinantes. Passei a prestar serviços para os assinantes dele e ganhei muito dinheiro com isso, porque eu o havia ajudado com um simples favor. Tudo isso porque eu havia compartilhado o Néctar da Abundância com ele.

Uma de minhas maiores convicções é que você será muito mais feliz se beber o Néctar da Abundância e adotar a mesma mentalidade. E, além de ser mais feliz, seu negócio crescerá com mais rapidez e em maior proporção, e você atrairá melhores clientes e parceiros, causando um impacto muito mais positivo no mundo.

Portanto, eu lhe faço esse convite... vá em frente, beba o Néctar da Abundância.

UMA VIDA BEM VIVIDA

Em minha opinião, não existe outro sistema de desenvolvimento de negócios na última década com histórias de sucesso mais incríveis do que a Product Launch Formula™. Já lhe apresentei a fórmula inteira nas páginas deste livro. Em outras palavras, já lhe ofereci as ferramentas para criar seu negócio.

Mas, como se costuma dizer, um grande poder traz uma grande responsabilidade. Eu já lhe dei muito poder.

Mas não se engane: construir um negócio de sucesso não o levará, automaticamente, a uma vida feliz e satisfatória. Há vários empreendedores insatisfeitos por aí. O segredo é criar um negócio E ter uma vida ótima. Para chegar lá, é preciso agir intencionalmente em prol do negócio a ser construído e da vida a ser criada. Isso não acontece por acaso.

DANÇANDO AO REDOR DO MUNDO

Sebastien Night nasceu na Guadalupe francófona, no Caribe, e, hoje em dia, mora na França. Em 2010, ele acompanhou meu treinamento pela primeira vez. Desde então, vem utilizando a PLF para desenvolver seu negócio. Inicialmente, ele se estabeleceu no mercado francês de "aconselhamento sentimental", ensinando homens tímidos a abordar mulheres e a marcar encontros. Aos poucos, Sebastien passou a ensinar as pessoas que falam francês a montar seus próprios negócios on-line e, atualmente, ele é conhecido como o "Marqueteiro Francês". Sebastien já fez dezenas de lançamentos e construiu um negócio sólido. Na verdade, ele é um dos mais destacados editores de conteúdos on-line do mundo francófono.

Tal como acontece com qualquer empreendedor, ele se esforçou bastante para chegar aonde chegou. Mas também criou um estilo de vida incrível. O ponto alto, até o momento, foi ter conseguido realizar dois sonhos acalentados por sua noiva, Cecile: dançar e viajar ao redor do mundo.

No ano passado, Sebastien e Cecile fizeram uma viagem de seis meses ao redor do mundo e dançaram ao longo de todo o trajeto. Eles visitaram Austrália, Brasil,

Índia, Argentina, África do Sul, Tailândia, Durango e Nova York. Quando estavam na Índia, Sebastien pediu Cecile em casamento — e ela aceitou!

Durante a viagem, Sebastien trabalhou apenas um dia por semana. O negócio dele, assim como o meu, é totalmente virtual, por isso pôde trabalhar em qualquer lugar do mundo. Toda a viagem foi financiada por um de seus lançamentos, e ele também arcará com as despesas de dois grandes casamentos (a mesma noiva em ambos, mas um deles será na França e o outro, em Guadalupe).

O fato é que, se você for conversar com Sebastien, ele lhe dirá que o mais interessante é que alguns de seus amigos e familiares testemunharam o seu sucesso e, neste momento, estão seguindo seu exemplo e criando os próprios negócios.

(Para consultar meu Estudo de Caso com Sebastien, assim como o vídeo de sua viagem ao redor do mundo com Cecile, acesse http://thelaunchbook.com/sebastien.)

14. É a sua vez de lançar

Então, essa é a Product Launch Formula™. Agora é a sua vez. A fórmula já foi comprovada milhares de vezes. Todo o meu sucesso pessoal foi construído fazendo exatamente o que lhe ensinei ao longo deste livro. A esta altura, já criei inúmeros negócios, e todos eles tiveram por base a Product Launch Formula™. Na verdade, lancei o último há apenas algumas semanas, e esse também teve um arranque fenomenal, graças às mesmas estratégias que apresentei aqui.

O mais importante é que essa é a mesma fórmula que meus clientes usaram para gerar mais de US$500 milhões em vendas. Isso significa US$500 milhões em histórias de sucesso. Esse total foi alcançado em quase todos os mercados ou nichos imagináveis, com produtos que variam de *cage fighting* a oficinas de meditação, de serviços de preparação da declaração de imposto de renda a acessórios para bandas.

A MORTE DOS LANÇAMENTOS

Na época em que divulguei a PLF pela primeira vez, em 2005, a comunidade de marketing on-line ainda era relativamente pequena. Quase todas as figuras mais importantes do mercado se conheciam. Foram precisos poucos meses até que algumas pessoas começassem a falar sobre a "morte dos lançamentos". Foi exatamente essa a expressão empregada em um importante artigo técnico, publicado menos de um ano após o lançamento da PLF. Alguns desses "especialistas" previram que o modelo da PLF era tão poderoso que sucumbiria ao próprio peso. O senso comum dizia que, quando todos os integrantes do mercado tivessem presenciado um lançamento ou dois, a ideia do lançamento deixaria de funcionar. Como diz aquela velha frase: "Encontramos o inimigo, e somos nós mesmos."

A verdade é que, desde então, os lançamentos foram ficando apenas maiores e melhores. Uma referência mais adequada seria: "As notícias sobre a minha morte revelaram-se extremamente exageradas."

Mas o que aconteceu?

AS TÁTICAS VÊM E VÃO, A ESTRATÉGIA É ETERNA

Os líderes militares (e os de negócios) praticamente veneram *A arte da guerra*, de Sun Tzu. O livro é milenar, o que não impede que cada uma das novas gerações de líderes o leia. Isso porque o livro trata de estratégias, e não de táticas. E as estratégias nunca saem de moda.

A razão pela qual a PLF continua funcionando é que ela se baseia em estratégias. Ensino muitas táticas como parte da fórmula, mas elas sempre são usadas para servir à estratégia global da PLF. E, francamente, as táticas vêm e vão. Quando comecei a fazer meus lançamentos, por exemplo, a transmissão de vídeos pela internet não existia. Aliás, nem os blogs existiam, tampouco as mídias sociais ou as apresentações on-line. Hoje em dia, porém, usamos todas essas ferramentas em nossos lançamentos.

As ferramentas mudam, as táticas mudam. Mas as estratégias permanecem.

Estabelecer estreita ligação com um cliente em potencial nunca sairá de moda. Alimentar a expectativa em torno de um evento nunca sairá de moda. Os estímulos mentais, como a comprovação social, a autoridade, a comunidade e a reciprocidade, nunca sairão de moda. Exercer influência oferecendo alto valor antes de sugerir a venda nunca sairá de moda. O modo exato com que implementamos essas coisas mudou e continuará mudando. Mas a estratégia da PLF continua funcionando.

TRANSFORME SEU COMPUTADOR EM UMA MÁQUINA DE GANHAR DINHEIRO

Em algum momento em torno de 1994 — não me lembro exatamente em que data foi —, recebi um anúncio de um produto chamado "Transforme seu computador em uma máquina de ganhar dinheiro". Admito o profundo mau gosto desse nome, mas ele me chamou tanto a atenção que abri o anúncio e comecei a ler. Suponho que eu fazia parte do público-alvo perfeito para aquele anúncio na época — isso faz bastante tempo, quando eu vivia a minha fase de "o pai que fica em casa". Estávamos lutando para equilibrar o orçamento doméstico, e eu precisava mesmo de qualquer tipo de máquina de ganhar dinheiro que pudesse encontrar.

O anúncio chegou por e-mail e era bastante longo — devia ter dez páginas ou mais. Depois de ler o anúncio uma vez, senti que eu precisava ler novamente, e decidi imprimi-lo em minha impressora matricial. Pelo fato de a impressora ser lenta e o e-mail ser tão extenso, tive a sensação de que levei uma eternidade para imprimi-lo.

Na semana seguinte, li o anúncio várias vezes seguidas. Ele tratava da criação de "boletins especiais" e da venda on-line. Fazia considerações sobre quanto era maravilhoso ter um negócio de publicação de conteúdos e vender diretamente para os consumidores.

A ideia parecia quase inacreditável para mim. Mas o negócio de publicação de conteúdos já existia havia séculos e, por isso, cheguei à conclusão de que deveria ser lucrativo. Eu sabia que havia pequenos editores independentes que pareciam estar ganhando dinheiro. Quando eu procurava por livros sobre as minhas atividades de lazer favoritas, como canoagem em corredeiras e mountain bike, por exemplo, os títulos mais populares estavam sendo publicados por pequenos editores que administravam negócios básicos, familiares.

Por outro lado, eu nunca havia criado nem editado nada na vida. E mais assustadora ainda era a ideia de vender. Eu não tinha nenhuma experiência em vendas. Na verdade, se eu fizesse uma lista com as opções profissionais mais absolutamente improváveis para mim, as vendas talvez ocupassem o topo da lista.

E havia outro grande problema: "Transforme seu computador em uma máquina de ganhar dinheiro" custava US$99,50. Naquela época, estávamos mantendo uma família de quatro pessoas somente com o salário de Mary, pago pelo governo. Quando eu organizava o orçamento da nossa família, tínhamos pouco mais de US$400 de renda disponível por ano. Gastar quase um quarto de nosso montante anual para "despesas pessoais" em algo daquele tipo parecia uma proposta arriscada.

Mas o anúncio fazia todo o sentido. A ideia em si fazia todo o sentido. E eu estava desesperado por uma mudança. Passei uma semana inteira lendo aquele anúncio uma e outra vez. Todas as noites, eu me deitava na cama e ficava refletindo sobre isso, me perguntando se aquilo funcionaria comigo. Que tipo de conteúdo eu poderia publicar? Eu levaria aquilo adiante e iria até o fim? Conseguiria vender tudo? Ou seria mais um fracasso na minha vida?

Talvez você já tenha passado por uma situação parecida antes, imaginando o que fazer diante de uma encruzilhada em potencial. Muitas vezes, costumo procrastinar quando chega a hora de tomar decisões. Mas aquele foi um dos momentos em que resolvi agir. Suspendi a minha desconfiança, preenchi o formulário de pedidos e enviei o e-mail.

O CAMINHO MENOS PERCORRIDO

Robert Frost tem um belo e famosíssimo poema sobre os caminhos escolhidos e os não escolhidos. Sei que parece um pouco ingênuo e excessivo invocar esse poema quando falo sobre a resposta que enviei para um anúncio de mala direta. Mas essa única medida fez toda a diferença.

O produto era simples — vinha em um disquete de 3,5 polegadas. Ele ensinava os rudimentos do marketing direto para produtos de informação. Falava, basicamente, sobre a venda de produtos na CompuServe e na AOL — dois antigos serviços on-line que funcionavam como uma espécie de porta de entrada para a internet, no início dos anos 1990.

Talvez fosse algo à moda antiga, mas aquele único produto de informação me apresentou a um mundo inteiramente novo — o mundo do marketing direto e da criação de um negócio on-line, centrado na informação. E aquele mundo foi surpreendentemente bom para mim. É óbvio que o dinheiro e o sucesso não vieram de forma instantânea e nem mesmo rápida. Mas eles vieram... e você não estaria lendo este livro se eu não tivesse respondido àquele anúncio.

Alguns anos atrás, enviei um e-mail para Sheila Danzig, criadora e editora de "Transforme seu computador em uma máquina de ganhar dinheiro". Contei o que seu produto havia feito pela minha vida e o impacto que causara na minha família. Fiquei muito contente ao enviar aquela mensagem, e ela me respondeu no dia seguinte. Mostrou-se entusiasmada ao receber meu e-mail e ouvir o relato de sua contribuição para meu sucesso.

Conheço essa sensação, pois recebo esse tipo de comentário e e-mail dos meus alunos e clientes da PLF toda semana — e ler essas histórias de sucesso nunca é cansativo.

Hoje mesmo recebi um e-mail de Franz Weisbauer, bolsista da Fulbright, que trabalha como médico em Viena, na Áustria. Ele é internista, com especialização clínica em ecocardiografia (ultrassom do coração). Em 2010, criou uma plataforma de treinamento on-line (junto com seu colega, o Dr. Thomas Binder), com o objetivo de ensinar ecocardiografia para médicos e ultrassonografistas. Normalmente, esse tipo de treinamento exigiria viajar para ministrar três seminários de fim de semana, que custariam US$500 cada. A história desse lançamento não é muito diferente da de vários outros que você já leu neste livro. Quando Franz e Thomas lançaram o programa pela primeira vez, usaram o "Marketing da Esperança" e venderam poucas unidades. Eles tinham um excelente produto, mas as vendas não alcançaram um patamar que permitisse transformá-lo em um negócio viável e duradouro. Foi então que Franz compareceu a um evento e assistiu a uma palestra minha sobre o lançamento de produtos. Na oportunidade seguinte, ele se inscreveu no meu treinamento da PLF e relançou seu site, fazendo um lançamento completo ao estilo PLF. Esse lançamento obteve um sucesso avassalador e mudou radicalmente o negócio. A história não terminou naquele lançamento inicial — o negócio cresceu dez vezes mais em relação ao estágio pré-PLF. O volume de vendas, porém, é apenas uma medida do sucesso de um negócio. Ele é facilmente calculável, mas os números nem sempre indicam a situação geral. Outra medida é o impacto — o número de vidas salvas pelos médicos e ultrassonografistas que se submeteram ao treinamento de Franz.

Esse efeito cascata me deixa tão empolgado que, às vezes, é difícil conseguir dormir à noite. Ensinei Franz a lançar seu produto e, posteriormente, esse treinamento auxiliou milhares de médicos a tratar de dezenas de milhares de pacientes (salvando inúmeras vidas ao longo do percurso). Qual será o efeito positivo que todos esses pacientes, com um novo capítulo acrescido às suas vidas, causarão no mundo?

SEU PRIMEIRO LANÇAMENTO

A próxima etapa depende de você. Meu objetivo neste livro foi lhe apresentar o processo. Um objetivo secundário foi fazê-lo perceber que pode colocar esse processo em prática. Já o vi funcionar várias e várias vezes com meus alunos... pessoas de todas as camadas sociais e de todas as partes do mundo.

O segredo é dar esse primeiro passo e continuar dando pequenos passos. Se eu consegui deixar de ser o Sr. Mamãe, sem nenhuma experiência em empreendedorismo, e passei a acumular dezenas de milhões de dólares em vendas, certamente você também pode fazer o mesmo. Se John Gallagher deixou de viver com a ajuda da bolsa-alimentação e evoluiu para um negócio de seis dígitos, você pode fazer o mesmo. Se Tara e Dave Marino deixaram de ser pais desconsolados para arrecadar US$500 mil em vendas, você pode fazer o mesmo.

Não espere ganhar US$1 milhão no primeiro lançamento. Não espere alcançar alguns dos mesmos resultados incomuns mencionados neste livro, nem se compare a meus lançamentos de milhões de dólares. Compare-se com meu primeiro lançamento, que conquistou modestos US$1.650,00 em vendas.

Espere cometer alguns erros e aprender muito, ter muito mais trabalho do que imagina, algumas frustrações e passar noites em claro.

E espere que seu primeiro lançamento seja inesquecível.

UMA GRANDE E ESTRANHA VIAGEM QUE MAL COMEÇOU

Tem sido uma aventura incrível.

E, a cada etapa do caminho, tenho me sentido obrigado a almejar ainda mais, a continuar encontrando uma perspectiva maior para mim mesmo.

Não tenho certeza de qual será o futuro da PLF a partir de agora. Continuo a trabalhar com os Proprietários da PLF à medida que lançam seus negócios e produtos, em todos os nichos e mercados imagináveis. Hoje em dia, tenho alunos que utilizam a PLF no ambiente das organizações sem fins lucrativos. Outros continuam me pedindo para adaptá-la ao mundo corporativo.

A única coisa que sei é que eu adoraria receber informações sobre seu lançamento. Como afirmei anteriormente, ouvir essas histórias de sucesso pessoal nunca é cansativo.

Já faz muito tempo que consegui ganhar dinheiro suficiente para desacelerar e me retirar de cena, em uma espécie de semiaposentadoria. Mas aqui estou eu, perto das cerca de 70 mil palavras deste livro — porque queria chegar a mais pessoas. Eu queria chegar até VOCÊ.

A PLF já foi comprovada. Ela funcionará com você. Basta seguir os passos que lhe mostrei neste livro. Comece a elaborar uma lista. Verifique os recursos extras que preparei para você no site de cadastramento deste livro Siga o meu blog. Faça parte da comunidade PLF.

E, então, me escreva e me conte sua história de sucesso. Você pode me encontrar no jeff.plf@gmail.com.

LINKS E RECURSOS:

Site de cadastramento deste livro: http://www.thelaunchbook.com/member

Meu blog pessoal: http://www.jeffwalker.com

Agradecimentos

Os 18 anos desde o lançamento do meu primeiro negócio formam uma trajetória maravilhosa e, com frequência, me pergunto como tive tanta sorte. Mas não cheguei aqui sozinho. Contei com a ajuda de tantas pessoas nessa jornada que fico até encabulado...

Este livro é dedicado à minha esposa, Mary, que sempre acreditou em mim e me apoiou tão intensamente que me impressiono até hoje... e aos meus dois filhos incríveis, Daniel e Joan — não sei o que fiz para merecer vocês.

À minha mãe e ao meu pai, que me proporcionaram uma base inacreditavelmente amorosa e sólida para minha vida... e a Jim, Jean Marie e Jon. Eu amo vocês e agradeço a todos por eu ser quem sou.

Obrigado a Virginia e, especialmente, a Joe Jablonsky, que acreditou em mim quando todos se perguntavam por que eu ficava em casa tomando conta das crianças. E um agradecimento especial a Catherine Jablonsky, que me deu infindáveis provas de seu inabalável apoio naqueles primeiros anos cheios de incerteza.

Tenho de agradecer a muitas outras pessoas fantásticas...

Reid Tracy, Brian Kurtz e Rick McFarland me deram ótimas contribuições para este livro e me ajudaram a dar forma aos capítulos iniciais. Scott Hoffman, Brendon Burchard, Michael Hyatt e Chris Haddad também me auxiliaram, com sua opinião sobre o conceito geral do livro. Obrigado a Victoria Labalme, por ter sido absolutamente incansável em sua visão global deste livro.

Obrigado a todo o meu grupo Plat Plus, que me ajudou a elaborar, de forma criativa, muitos aspectos deste livro... e me fez assumir responsabilidades ao longo do demorado e penoso parto.

Este livro não teria sido possível sem a Editora Morgan James, que, elegantemente, lidou com cada lance inesperado e com os adiamentos de prazo que eu solicitava. Obrigado a David Hancock, Rick Frishman e Margo Toulouse. E muito obrigado à minha editora, Vicki McCown, que eliminou dezenas dos meus mais terríveis clichês antes que o livro seguisse para a gráfica.

Muitas pessoas me ajudaram no início da trajetória como empresário, incluindo Sheila Danzig, Mike Reed, Frank Collar, Paul Myers e Don Cassidy.

John Reese e Yanik Silver me disseram que eu precisava começar a ensinar às pessoas minhas técnicas de lançamento de produtos, e foi John quem as batizou de PLF. Esse conselho mudou minha vida e também o mundo.

Tive muitos parceiros, professores e instrutores incríveis ao longo dos anos — e quase todos eles se tornaram amigos próximos: meu instrutor Dan Sullivan e sua esposa, Babs, Tony Robbins, Eben Pagan, Frank Kern, Paulo Coelho, Jeff Johnson, Rich Schefren, Ryan Deiss, Dean Graziosi, Mike Filsaime, minha musa Andy Jenkins, Steven Pressfield, minha colega de DWD Lisa Sasevich, Tom Kulzer, Chris Knight, Chalene e Bret Johnson, Brian Clark e Sonia Simone, Don Crowther, Marie Forleo, meu companheiro de estudos Dean Jackson, Joe Polish, John Carlton, Mike Koenigs, Kenny Rueter e Travis Rosser, Jason Van Orden e Jeremy Frandsen, Chris Zavadowski, Jason Moffatt, Yaro Starak, Perry Belcher, JB Glossinger, Randy Cassingham e todos os especialistas, Audri e Jim Lanford, John Rhodes, Clay Collins, Ray Edwards, Jeff Mulligan, Ed Dale, Dave Taylor, Tim Carter, Eric Wagner, Martin Howey, Greg Poulos, Jason Potash, Pam Hendrickson, minha comunidade do HW, Charles Richards, Greg Clement, Trey Smith, a comunidade do FT-Talk, Holly Lisle, Beth Walker, Shannon Waller, Anne-Marie Pratt, Denise Gosnell, Brian Sacks, Tellman Knudson, Marlon Sanders, MaryEllen Tribby, David Frey, Chris Attwood, Janet Attwood, John Jantsch, Mike Hill, Jonathan Mizel, Jay Abraham, Dan Kennedy e Gail Kingsbury. E, é claro, os Buddies (LFODMF).

Obrigado a Diane Walker, que tem-se revelado uma excelente organizadora de eventos presenciais dos quais participo.

Não posso me esquecer dos treinadores da PLF, em particular Alan Davidson, James Klobasa, Mark Coudray,

Ridgely Goldsborough, Hubert Lee, Kurt Koenigs, Lou D'Alo... e, especialmente, Marc Evans — todos vocês me ajudaram a ajudar meus alunos. Obrigado.

Quero agradecer particularmente a Ted Pasternack, por levar seu especial encanto a todos os eventos da PLF que já promovi. E meu profundo apreço por todos os voluntários da "PLF Presencial" e do grupo Plat, incluindo Gail, Leslie, Mel, Anthony, Michael, Jeremiah, Matt, Rebecca, Erin, Cindy, Joan e Garrett.

Um enorme agradecimento à sensatez propiciada por Billy Foster, Bryan Dear e Mac Thomson.

Outro *sanity check* para Chris Barnes, Paul Wheeler e Rick Routh. E eu nunca me esquecerei de Jon Nicholas.

Não estaria onde estou hoje e não conseguiria ter apresentado a PLF ao mundo sem minha fabulosa equipe, incluindo Marc, Mary, Shereen, Daniel, Mac, Pedro, Joy, Chereth, Larry, JR e Paul. Agradecimentos especiais a Betty Sampson, que é a verdadeira face da empresa e uma referência para o serviço de atendimento ao cliente nessa indústria... e a Kristen Arnold, que é meu incansável segundo cérebro, usando seus mais apurados instintos para organizar o caos e me manter na linha. E a Jon Walker, com quem venho trabalhando e tocando há mais tempo do que com qualquer outra pessoa.

E o que posso dizer sobre meus grupos de Mente Mestra Platinum e Platinum Plus...? Sobre meus irmãos e irmãs que estão comigo nas trincheiras, participando do bom combate a cada vitória épica e a cada desafio aparentemente insuperável? Sou abençoado por ter vocês todos os dias na minha vida.

E, é claro, as verdadeiras estrelas do show são os Proprietários da PLF... que continuam a me inspirar a cada dia que passa. Obrigado.

Glossário

Lembre-se: alguns desses termos têm múltiplos usos e significados. Este glossário oferece definições somente para os sentidos utilizados neste livro.

Abertura do Carrinho — o momento em que você coloca seu produto à venda. A Abertura do Carrinho pode referir-se tanto ao dia e à hora exatos em que você começa a aceitar os pedidos de compra quanto a todo o intervalo de tempo em que sua oferta de lançamento estiver disponível.

Apresentações on-line — semelhante aos telesseminários, mas apresentadas pela internet, de modo que os participantes possam visualizar a tela de computador do apresentador. São usadas com mais frequência para exibir uma apresentação em PowerPoint ou Keynote. Para verificar os serviços recomendados nas apresentações on-line, consulte meu Guia de Recursos, em http://thelaunchbook.com/resources.

Busca orgânica — veja Tráfego de busca natural.

Busca paga — posicionamento pago no lado superior ou próximo ao lado superior direito das classificações apresentadas pelos mecanismos de busca. De modo geral, esse tipo de publicidade é comercializado segundo os moldes de um leilão.

Carta de Vendas — uma mensagem de venda por escrito que faz a oferta de um produto.

Circle of Awesome™ — sistema de alternância entre Seed Launch™, Lançamento Interno e Lançamento Conjunto, a fim de que os resultados se somem uns aos outros.

Classificação — a posição que você ocupa nas listagens de busca orgânica ou natural, mediante determinado termo de busca. Também pode ser usada em um sentido mais global e genérico — por exemplo, "um excelente conteúdo pode ajudá-lo a obter uma boa classificação no Google".

Cliente — alguém que já comprou de você (em oposição a cliente em potencial, que faz parte da sua lista, mas ainda não comprou).

Cliente em potencial — alguém que faz parte da sua lista ou que está acompanhando seu marketing, mas que ainda não comprou. Uma vez efetivada a venda, ele se torna cliente ou consumidor.

Consumidor — veja Cliente.

Conteúdo de Pré-Lançamento (ou PLC) — o material que você divulga durante sua Sequência de Pré-Lançamento. Pode assumir uma variedade de formatos, incluindo vídeos, newsletters em PDF, e-mails, postagens em blogs etc.

Conversão — o evento no qual seu cliente potencial resolve agir de acordo com seu marketing. Você pediu que o cliente potencial agisse de determinada maneira, e a conversão se dá quando ele se compromete a fazê-lo. Pode estar relacionado a uma pessoa que se cadastra na sua lista ou à efetivação da compra.

Convocação à ação — quando você solicita algo ou direciona o cliente potencial a fazer algo. É a situação na qual você solicita algum tipo de compromisso — seja aderir à sua lista, deixar um comentário, clicar em um link ou comprar seu produto. Normalmente, todas as comunicações enviadas para a sua lista conterão, ao fim, algum tipo de convocação à ação.

Diálogo de lançamento — a interação estabelecida entre você e seus clientes potenciais (bem como de forma direta entre seus clientes potenciais), que acontece naturalmente durante sua Sequência de Pré-Lançamento. Essa interação pode lhe proporcionar muitas percepções a respeito do mercado — incluindo as maiores objeções à sua oferta e as partes da sua comunicação eletrônica que estão repercutindo nos clientes potenciais.

Hospedagem de listas — um serviço para hospedar e enviar e-mails para sua lista. Para verificar os serviços recomendados, consulte o meu Guia de Recursos, em http://thelaunchbook.com/resources.

Hospedagem de sites — um serviço para hospedar seu site. Para verificar os serviços recomendados, consulte meu Guia de Recursos, em http://thelaunchbook.com/resources.

Lançamento Conjunto — um lançamento coordenado, principalmente, por parceiros associados ou parceiros de empreendimentos conjuntos, que enviam tráfego para sua Sequência de Lançamento.

Lançamento Interno — um lançamento feito para sua lista de e-mails, no qual não existe nenhum parceiro exterior de empreendimento conjunto ou parceiro associado. É o clássico lançamento ao estilo PLF, conforme descrito nos primeiros oito capítulos deste livro.

Lista — o banco de dados de pessoas para as quais você vai direcionar seu marketing. As listas podem basear-se em malas diretas, mídias sociais ou e-mails. Porém, no contexto deste livro, focaremos, principalmente, em listas de e-mails.

Lista de lançamento — a lista de e-mails que você elabora durante sua Sequência de Pré-Lançamento.

Oferta — aquilo que você está promovendo para seus potenciais clientes. Sua oferta inclui os produtos finais (incluindo os bônus), o preço, as condições de pagamento e a garantia.

Página de captura — uma página simplificada, colocada no seu site, que apresenta um formulário de cadastramento na sua lista. Os visitantes da página têm apenas uma escolha — eles podem se cadastrar na sua lista para ter acesso a outros conteúdos ou podem sair da página. Para verificar os serviços recomendados para a rápida elaboração de páginas de captura, consulte meu Guia de Recursos, em http://thelaunchbook.com/resources.

Página de pedidos — a página na qual seus potenciais clientes poderão, de fato, efetivar a compra. É aqui que eles inserem suas informações de contato e os detalhes de cobrança e onde clicam no botão "comprar". Normalmente, sua página de vendas terá um botão "Adicione ao Carrinho de Compras" ou "Compre agora", e esse botão conduzirá à sua página de pedidos.

Página de vendas — a página da internet que hospeda sua carta de vendas ou seu vídeo promocional.

Parceiro associado — uma companhia ou pessoa que faz a promoção de outra companhia, em troca de uma comissão sobre as vendas. Veja também: Parceiro de empreendimento conjunto.

Parceiro de empreendimento conjunto (ou Parceiro conjunto) — quase um sinônimo do parceiro associado, embora esse termo implique uma relação de trabalho mais próxima com o parceiro.

PLF — Product Launch Formula™.

Product Launch Formula™ (ou PLF) — algo verdadeiramente incrível.

Seed Launch™ — um lançamento simplificado, ao estilo PLF, usado, principalmente, se você ainda não tiver um produto ou uma lista. Também pode ser usado se você já tiver o conceito para uma nova oferta ou produto e quiser submeter a ideia a um teste de mercado antes de gastar muito tempo na criação do produto.

Sequência de Lançamento — o lançamento como um todo, incluindo o Conteúdo de Pré-Lançamento e a Abertura do Carrinho.

Sequência de Pré-Lançamento — uma série de conteúdos de alto valor divulgada antes do lançamento, com o objetivo de despertar entusiasmo e expectativa em torno do seu produto. Os conteúdos podem assumir uma variedade de formatos, incluindo vídeos, boletins em PDF, e-mails, postagens em blogs etc.

Sequência de Pré-Pré-Lançamento — também conhecida como fase Pré-Pré, trata-se do período de pré-aquecimento antes do início da sua Sequência de Pré-Lançamento.

Sideways Sales Letter™ — um componente essencial da Product Launch Formula™ que se refere à natureza serial e contínua da Sequência de Pré-Lançamento e ao processo de vendas da PLF como um todo.

Telesseminário — uma teleconferência em que o anfitrião pode se apresentar para um grande número de pessoas. Todos ligam para um número específico e digitam um código PIN para ter acesso à ligação. O anfitrião possui controles capazes de desativar o áudio de todos os participantes enquanto estiver realizando sua apresentação ao longo da ligação. Os telesseminários podem ser usados para ministrar aulas ou oferecer materiais e também funcionam muito bem para fazer apresentações de vendas. Para verificar os serviços recomendados para telesseminários, consulte meu *Guia de Recursos*, em http://thelaunchbook.com/resources.

Tráfego de busca natural — os visitantes que chegam ao seu site por meio das listagens dos mecanismos de busca. Também conhecido como tráfego "orgânico" ou "natural".

Tráfego pago — similar à busca paga, exceto pelo fato de aparecer em sites onde não há mecanismos de busca, como os de mídias sociais.

Vídeo promocional — um vídeo que faz a oferta de um produto.

Sobre o autor

Jeff Walker transformou, literalmente, o modo como produtos são vendidos on-line. Ao longo de sua trajetória, tornou-se um dos maiores treinadores mundiais em empreendedorismo e marketing.

Antigamente, antes de Jeff começar a ensinar a sua Product Launch Formula™, quase ninguém no mundo do empreendedorismo on-line falava sobre "lançamento de produtos", e a ideia de um "dia de US$1 milhão" parecia quase absurda. Hoje em dia, porém, no mundo pós-Product Launch Formula™, os lançamentos de US$1 milhão (e os multimilionários) dificilmente surpreendem alguém. Eles se tornaram quase rotineiros.

Mas suas técnicas não são apenas para os grandes gurus — ele já ensinou milhares de alunos (que operam em centenas de nichos), que geraram mais de US$500 milhões em vendas (um número que cresce a cada dia).

Jeff vive em Durango, Colorado, onde cultiva sua paixão por todos os tipos de esportes ao ar livre. Ele mora com sua esposa, Mary, e sua cadela, Jenny. Embora seus filhos já tenham saído de casa, Jeff ainda participa de muitas aventuras na companhia deles (especialmente esqui e mountain bike).

Você pode seguir Jeff em seu blog, JeffWalker.com, e acessar um treinamento gratuito em marketing e lançamentos, em ProductLaunchFormula.com.

Termo de responsabilidade/Aviso legal: Embora a editora e o autor tenham feito os melhores esforços para preparar este livro, não apresentam garantias sobre a exatidão ou a completude do conteúdo deste livro. A editora e o autor recusam a dar quaisquer garantias específicas ou implícitas de comercialização ou oportunidade para um propósito particular. Os estudos de caso apresentados não representam necessariamente o que você deve esperar alcançar, já que o sucesso do negócio depende de uma variedade de fatores. Confiamos que todos os estudos de caso e os resultados divulgados são verdadeiros e precisos, mas não auditamos esses resultados. Os conselhos e estratégias contidos neste livro podem não ser adequados para a sua situação, e você deve aconselhar-se com outros consultores se julgar necessário. A editora e o autor não são responsáveis por qualquer perda de lucro ou por quaisquer outros danos comerciais, incluindo, mas não limitados a, danos especiais, acidentais, consequentes ou outros. O fato de uma organização ou site ser citado neste trabalho como exemplo ou como potencial fonte de informação não significa que a editora ou o autor aprove o que ele possa oferecer ou as recomendações que possa fazer. Além disso, os leitores devem estar cientes de que os sites listados nesta obra podem ter mudado ou desaparecido depois da publicação.

Aviso legal: Não acreditamos em programas para ficar rico — todas as conquistas e progressos do ser humano exigem trabalho duro. Como estipulado pela lei, não podemos dar e não damos garantias em relação à sua habilidade de obter resultados e ganhar dinheiro com nossas ideias, informações, ferramentas e estratégias. Afinal, é necessário trabalho árduo para obter sucesso em qualquer tipo de negócio. Na verdade, é necessário trabalho árduo para obter sucesso em QUALQUER COISA na vida — tente aprender a tocar guitarra sem se empenhar e veja o que acontece! Os resultados em sua vida dependem de você e da quantidade de esforço e de investimento que está disposto a fazer pelo sucesso. Nada neste livro ou em qualquer um de nossos sites é uma promessa ou garantia de resultados de ganhos futuros, e não oferecemos nenhum conselho profissional, legal, médico, financeiro ou de outro tipo. Quaisquer números comentados aqui, ou em quaisquer dos nossos sites, são simples estimativas ou projeções e não devem ser considerados exatos, reais ou uma promessa de ganhos potenciais — todos os números são somente ilustrativos. Na verdade, muitas das pessoas que procuram este livro e outros programas nunca os terminam, nunca põem em prática as estratégias ensinadas e, portanto, atingem pouco ou nenhum resultado. Nosso aviso legal mais detalhado pode ser acessado pelo link http://thelaunchbook.com. É aquele blá-blá-blá sobre leis [*norte-americanas*], mas sentimos que a transparência é importante, e nos consideramos (e a você, leitor) em certo padrão de integridade. Obrigado pela leitura.

best.
business

Este livro foi composto na tipografia Palatino LT Std,
em corpo 11/16, e impresso em papel off-white no Sistema
Cameron da Divisão Gráfica da Distribuidora Record.